시끌벅적

용선생의 과학교실

미생물

사회평론

글 **사회평론 과학교육연구소**
대학에서 오랫동안 과학을 연구한 전문가들이 모여, 우리 아이들이 쉽고 재미있게 공부할 수 있는 책을 만들고 있습니다.

글 **설정민** (사회평론 과학교육연구소 연구원)
서울대학교 생물학과를 졸업하고 같은 대학교 대학원에서 석사 학위를 받은 뒤 박사 과정을 수료하였습니다. 아이에게 과학을 쉽고 재미있게 얘기해 주려 노력하다 보니 어린이를 위한 책을 만드는 일에도 관심을 가지게 되었습니다. 현재 사회평론 과학교육연구소 연구원으로 과학책을 만들고 있습니다.

글 **김형진** (사회평론 과학교육연구소 연구원)
연세대학교 천문대기과학과를 졸업하고 같은 대학교 대학원에서 석사, 박사 학위를 받았습니다. 과학자를 꿈꾸는 아이들에게 올바른 과학 개념과 과학적 태도를 함께 키울 수 있는 방법을 전달하기 위해 노력하고 있습니다. 현재 사회평론 과학교육연구소 연구원으로 과학책을 만들고 있습니다.

글 **이명화** (사회평론 과학교육연구소 연구원)
서울대학교 물리교육과를 졸업하고 같은 대학교 대학원에서 석사, 박사 학위를 받았습니다. 10여 년간 중학교에서 과학을 가르쳤으며, 미국 아리조나 주립대에서 물리학으로 박사 학위를 받고 독일, 미국, 영국에서 연구원으로 근무하였습니다. 쉽고 재미있는 과학책을 쓰는 일에 관심을 갖고 있으며, 현재 사회평론 과학교육연구소 연구원으로 과학책을 만들고 있습니다.

그림 **조현상** (매드푸딩스튜디오)
미국 필라델피아에서 U-Arts를 졸업했습니다. 한국과 미국에서 동화, 일러스트레이션, 만화 등 다양한 작업을 하고 있습니다.
mad-pudding.com | instagram.com/madpuddingstudio

그림 **김지희**
만화가이자 일러스트레이터로 활동하고 있습니다. 그린 책으로《드래곤빌리지 학습도감 13 : 해적앵무》,《난생 처음 한번 공부하는 미술 이야기 5》,《난생 처음 한번 공부하는 미술 이야기 6》 등이 있습니다.

그림 **전성연**
대학교에서 그래픽디자인을 전공했고, 현재 직장을 다니며 일러스트 작업을 하고 있습니다.

감수 **박재근**
서울대학교 생물교육과를 졸업하고 같은 대학교 대학원에서 과학교육 전공으로 석사, 박사 학위를 받았습니다. 생물교육과 환경교육을 주로 연구하고 있으며, 중학교, 고등학교 교사를 거쳐 현재 경인교육대학교 과학교육과 교수로 재직 중입니다. 2015 개정 교육과정의 중학교 과학교과서, 초등학교 과학교과서를 함께 저술하였습니다.

캐릭터 **이우일**
홍익대학교에서 시각디자인을 공부한 만화가입니다. 그림책 작가인 아내 선현경, 딸 은서, 고양이 카프카와 함께 그림을 그리고 글을 쓰며 살고 있습니다. 지은 책으로《우일우화》,《옥수수빵파랑》,《좋은 여행》,《고양이 카프카의 고백》 등이 있고, 그린 책으로《노빈손》 시리즈,《용선생의 시끌벅적 한국사》 시리즈,《교양으로 읽는 용선생 세계사》 시리즈 등이 있습니다.

시끌벅적

용선생의 과학교실

미생물

글 **사회평론 과학교육연구소** | 그림 **조현상·김지희·전성연** | 감수 **박재근** | 캐릭터 **이우일**

누가 치즈에 구멍을 냈을까?

사회평론

여러분, 안녕? 과학반을 맡은 용선생이야. 내 명성은 익히 들어 봤겠지? 역사반과 세계사반을 모두 훌륭하게 성공시키며 방과 후 교실 최고의 인기 교사가 된 그 용선생이란다. 교장 선생님께서 특별히 부탁하셔서 이번에는 과학반을 맡게 되었어. 어찌나 사정을 하시던지 도무지 거절할 수가 없었지 뭐야. 그래서 이 몸이 깜짝 놀랄 수업을 준비했단다.

우리의 수업은 언제나 질문과 함께 출발해. 세상을 둘러보다가 누군가 "저건 왜 그래요?" 하고 질문하면 바로 그 순간 수업이 시작되는 거지. 이제부터 용선생의 시끌벅적 과학교실을 제대로 즐기는 방법을 하나씩 알려 줄게.

첫째, 과학반 친구들과 함께 호기심을 갖고 질문해 봐. 과학을 어렵게만 생각하지 말고, 매 교시마다 아이들이 어떤 호기심을 가지는지 관심을 가져 봐. 과학반 친구들과 함께 '왜 그럴까?', '어떻게 알아낼 수 있을까?' 고민하다 보면 어렵던 과학도 쉽게 느껴질 거야.

둘째, 어려운 내용은 사진과 그림으로 이해해 봐. 어려운 과학 개념과 원리를 한 장의 사진이나 그림을 통해 단숨에 이해할 수도 있어. 그래서 너희를 위해 사진과 그림을 많이 준비했단다. 글을 읽다가 어렵다 싶으면 옆에 있는 사진과 그림을 봐. 잘 이해되지 않던 내용이 틀림없이 술술 이해될 거야.

셋째, 배운 내용을 되새기며 머릿속에 정리해 봐. 왁자지껄한 수업을 마치고 나면 뭘 배웠는지 정리가 안 될 때도 있을 거야. 그럴 때를 대비해 중간중간 핵심 정리를 준비했어. 또 배운 내용을 4컷 만화로 재미있게 요약해 두었지. 게다가 교시가 끝날 때마다 나선애의 정리노트도 마련했단다. 이 정도면 학습 정리는 문제없겠지?

과학은 분야도 다양하고 배울 내용도 아주 많아. 쉽게 이해할 수 있는 부분도 있지만, 여러 번 곰곰이 생각해 봐야 알 수 있는 부분도 있지. 이 책을 여러 번 다시 읽다 보면 구석구석 빠짐없이 모두 이해될 거야.

자, 이제 용선생의 시끌벅적 과학교실을 제대로 즐길 준비가 됐겠지? 그럼 신나는 수업을 시작해 볼까?

차례 | 미생물

1교시 | 미생물이란?

요구르트에 있는 작은 생물의 정체는?

교과연계

초 5-1 다양한 생물과 우리 생활 | **중 1** 생물의 다양성

3교시 | 자연에 사는 미생물

미생물이 살 수 없는 곳은 어디일까?

교과연계

초 5-1 다양한 생물과 우리 생활 | **중 1** 생물의 다양성

2교시 | 미생물의 생활

곰팡이가 빠르게 불어난 까닭은?

교과연계

초 5-1 다양한 생물과 우리 생활 | **초 5-2** 생물과 환경 | **중 3** 생식과 유전

4교시 | 우리 몸의 미생물

발에서 냄새가 나는 까닭은?

교과연계
초 5-1 다양한 생물과 우리 생활 |
중 1 생물의 다양성

5교시 | 미생물과 질병

병을 고치는 곰팡이의 비밀은?

교과연계
초 5-1 다양한 생물과 우리 생활 |
중 1 생물의 다양성

6교시 | 미생물의 쓰임새

치즈에 구멍이 생긴 까닭은?

교과연계
초 5-1 다양한 생물과 우리 생활 |
중 1 생물의 다양성

용쓴다 용써!

용선생

체력 ★★★
지력 ★★★★★
감성 ★★★
호기심 ★★★★★
유머 ★★

열정이 가득한 과학 선생님. 하늘을 향해 거침없이 솟은 머리카락과 삐죽삐죽한 수염이 매력 포인트. 생생한 과학 수업을 하기 위해 물불을 가리지 않는다.

장하다 장해!

장하다

체력 ★★★★★
지력 ★
감성 ★★★★
호기심 ★★★★★
유머 ★★★★★

'튼튼하게만 자라 다오.'라는 아버지의 소원대로 튼튼하게 자랐다. 성격은 일등, 성적은 비밀이다. 시험을 못 봐도 씩씩하고 엉뚱한 질문으로 수업에 활력을 준다.

오늘도 나선다!

나선애

체력 ★★★★
지력 ★★★★
감성 ★★★
호기심 ★★★★★
유머 ★★★

과학자를 꿈꾸는 우등생. 공부도 잘하고 아는 게 많아서 모든 일에 앞장서는 타입이다. 겉으로는 차가워 보이지만 내심 따뜻한 면도 가지고 있다. 전혀 티가 안 나서 그렇지.

잘난 척 대장

왕수재

체력 ★★★
지력 ★★★★
감성 ★
호기심 ★★★★★
유머 ★

세상에서 자기가 제일 잘난 줄 안다. '천재는 외로운 법이고 질투의 대상인 법'이라나. 친구들에게 깐족거리는 데에도 천재적이다. 그래도 수업에는 늘 적극적으로 참여한다.

낭만 가득

허영심

체력 ★★★★★
지력 ★★★
감성 ★★★★★
호기심 ★★★★★
유머 ★★

감성이 풍부해도 너무 풍부하다. 떨어지는 낙엽이나 밤하늘의 별을 보며 눈물짓고, 조그만 벌레와 대화를 나누는 사차원 성격. 하지만 누구보다 정이 많고 낭만적이다.

과학반 귀염둥이

곽두기

체력 ★★★
지력 ★★★★
감성 ★★★★
호기심 ★★★★★
유머 ★★★★

형과 누나들의 귀여움을 독차지하는 과학반 막내. 나이도 가장 어리고 타고난 동안이라 언뜻 보면 유치원생 같다. 훈장 할아버지 덕에 어려운 단어를 줄줄 꿰고 있다.

우리를 찾아봐!

유산균 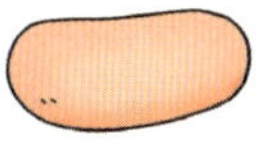

젖산을 만드는 세균으로, 요구르트를 만드는 데 이용돼.

효모 

복잡한 구조의 세포 하나로 이루어진 미생물로, 균류에 속해.

남세균 

햇빛을 받아 광합성하여 스스로 양분을 만드는 세균이야.

뮤탄스균 

입속에 살면서 당분을 먹고 충치를 일으키는 세균이야.

독감 바이러스 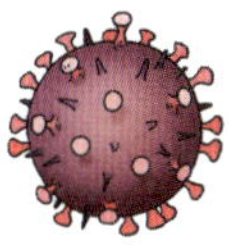

우리 몸에 들어와서 감기보다 심각한 독감을 일으키는 바이러스야.

누룩곰팡이 

된장과 간장을 만들 때 이용하는 미생물로, 균류에 속해.

1교시 | 미생물이란?

요구르트에 있는 작은 생물의 정체는?

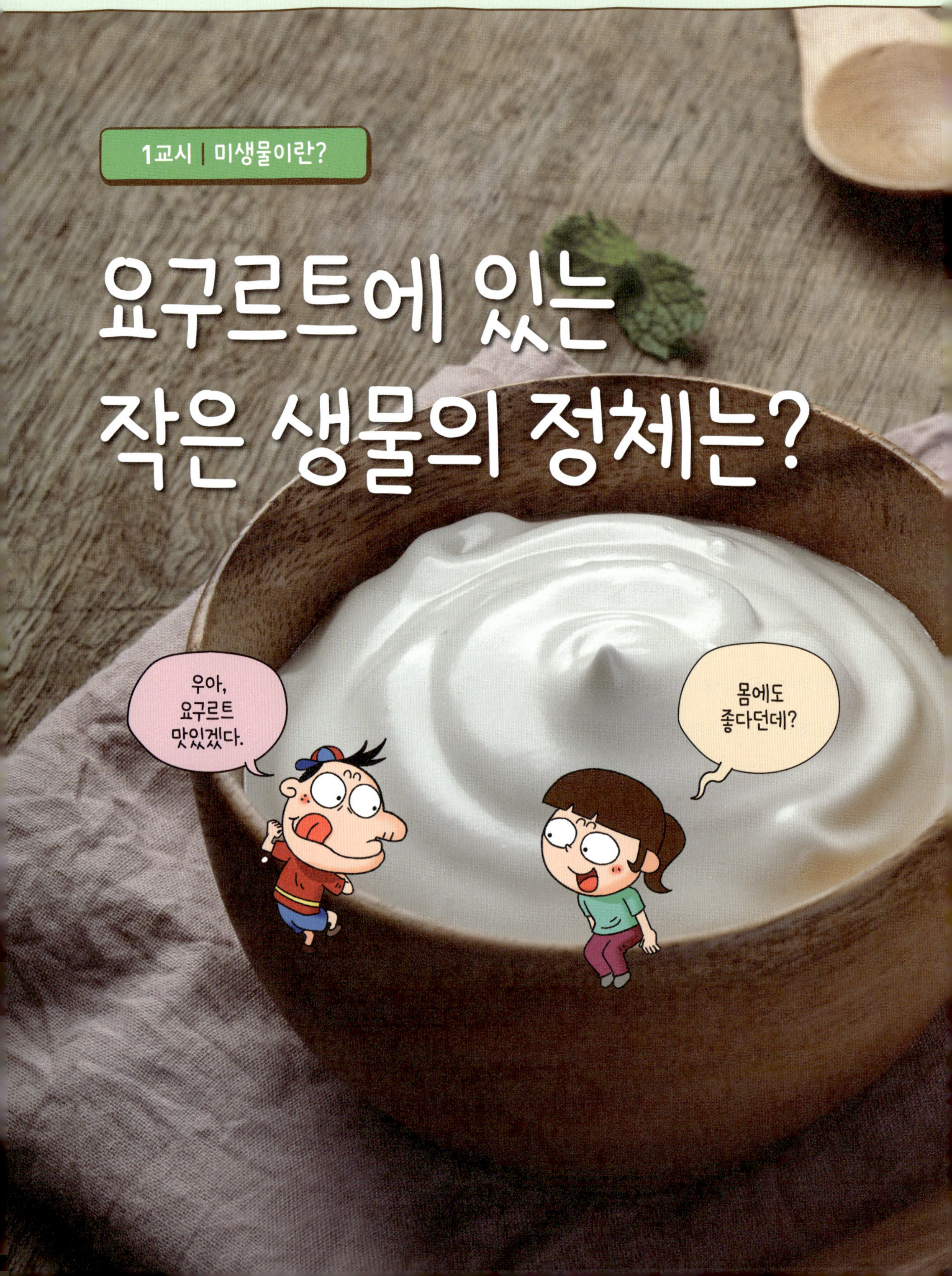

우아, 요구르트 맛있겠다.
몸에도 좋다던데?

교과연계

초 5-1 다양한 생물과 우리 생활
중 1 생물의 다양성

"하다 형, 여기 요구르트통에 쓰인 것 좀 봐. 유산균이 100억 개나 들어 있대."

"유산균? 그게 뭔데 그렇게 많이 있어?"

요구르트통 안을 들여다본 장하다가 말했다.

"안에 요구르트만 있는데? 유산균이란 건 어디 있지?"

"그러게. 도대체 유산균이 뭘까?"

미생물이 뭘까?

용선생이 아이들에게 다가와 말했다.

"유산균은 아주아주 작은 생물이야. 요구르트 안에 있지만, 맨눈으로는 볼 수 없지."

"어, 유산균이 생물이에요? 그런 생물도 있나요?"

"있고말고. 이번 시간에 유산균 같은 작은 생물들에 대해 알아볼까?"

"좋아요!"

"유산균처럼 맨눈으로 볼 수 없을 정도로 작은 생물을 미생물이라고 해."

허영심이 고개를 갸웃거리며 물었다.

"눈에 보이지도 않는데, 그런 생물이 있는지 어떻게 알았대요?"

"영심이 말대로 옛날 사람들은 미생물이 있는지도 모르고 살았단다. 그러다 1670년대에 '레이우엔훅'이라는 과학자가 바닥에 고인 빗물을 현미경으로 관찰하다가 미생물을 발견했어. 사람들은 그제야 이 세상에 미생물이 있다는 사실을 알게 됐지."

"흠, 현미경으로 관찰했다고요? 얼마나 작은데요?"

나선애의 과학 사전

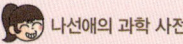

미생물 작을 미(微) 살 생(生) 물건 물(物). 맨눈으로는 볼 수 없는 아주 작은 생물들을 통틀어 이르는 말이야.

▲ **안톤 판 레이우엔훅** (1632년~1723년) 네덜란드의 과학자야. 직접 만든 현미경으로 주위에 있는 여러 물체를 관찰하다가 미생물을 최초로 발견했어.

"너희 몸이 학교 운동장 크기라면 나 유산균은 쌀 한 톨 크기야!"

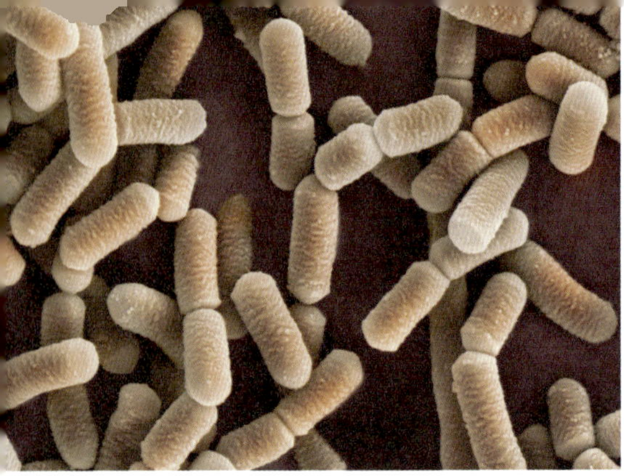

▲ 현미경으로 관찰한 유산균

"자에 있는 눈금 한 칸이 1mm(밀리미터)인데, $\frac{1}{10}$mm보다 작으면 맨눈으로 보기 힘들어. 유산균은 그보다도 작아서 $\frac{1}{1,000}$mm 정도란다."

"오호, 정말 작네요."

그때 곽두기가 손을 들고 물었다.

"근데 미생물은 동물이에요, 아니면 식물이에요?"

"이야, 좋은 질문이야! 미생물은 동물도, 식물도 아니란다. 동물은 입으로 먹이를 먹고 다리나 날개를 써서 움직이는데, 미생물은 그렇지 않아. 또 식물은 뿌리, 줄기, 잎 등으로 이루어져 있는데, 미생물은 이러한 특징도 없지."

"엥? 그럼 뭐죠?"

"그래서 동물이나 식물로 구분할 수 없는 작은 생물들을 미생물이라고 부르는 거야. 미생물은 공통적으로 크기가 아주 작지만, 자세히 관찰해 보면 생김새나 내부 구조가 저마다 다르단다. 이렇게 미생물에도 여러 종류가 있어.

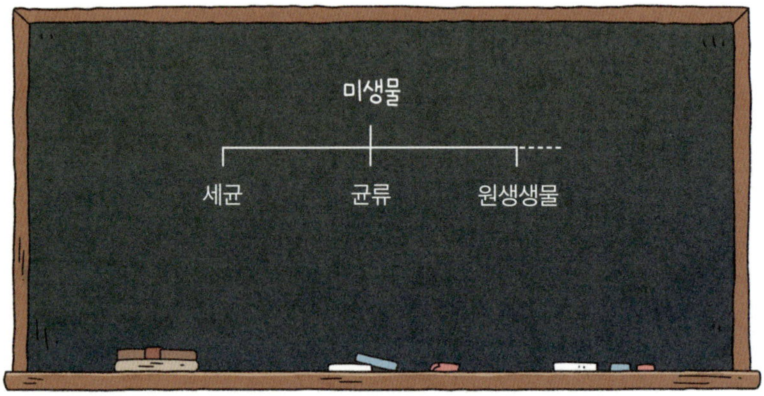

그중에서 세균, 균류, 원생생물에 대해 알아볼까?"

"세균은 들어 봤는데 균류나 원생생물은 처음 들어 봐요. 서로 뭐가 다르죠?"

"좋아, 지금부터 하나씩 살펴보자. 먼저 세균은 우리 주변에 아주 흔하고 수도 아주 많아. 예를 들어 바닷물 한 방울에는 수백만 개, 흙 한 줌 속에는 수십억 개가 넘는 세균이 있지."

"헉! 그렇게나 많아요?"

"응. 세균은 미생물 중에서 종류도 가장 많단다. 지금까지 발견한 세균만 해도 9,000가지가 넘는데, 실제로는 수백만, 수천만 종류가 있을 거라고 해."

"우아! 정말 많네요. 그렇게 많은 세균 중에 제가 아는 것도 있겠죠?"

허영심의 말에 용선생은 요구르트를 가리켰다.

"요구르트에 들어 있는 유산균도 세균이란다. 유산균처럼 이름이 '균'으로 끝나는 것들은 대부분 세균에 속해. 세균을 영어로는 '박테리아(bacteria)'라고 하지."

곽두기가 눈을 크게 뜨며 말했다.

"박테리아가 세균이랑 같은 말이에요?"

"그렇단다. 세균이 어떻게 생겼는지 화면을 보렴."

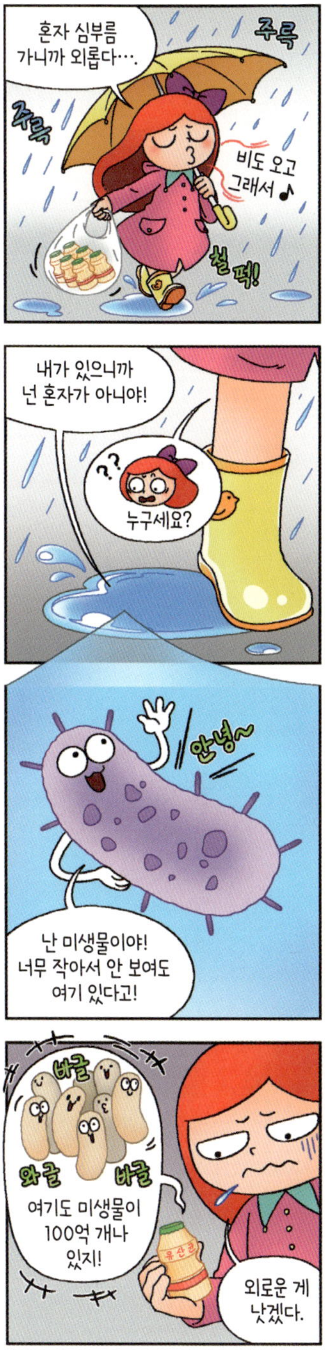

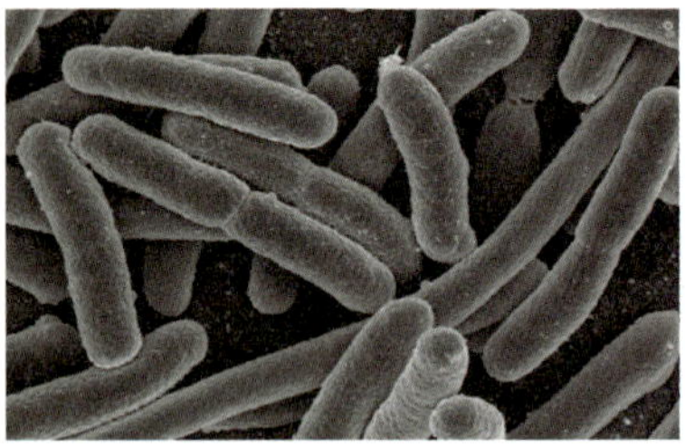
대장균

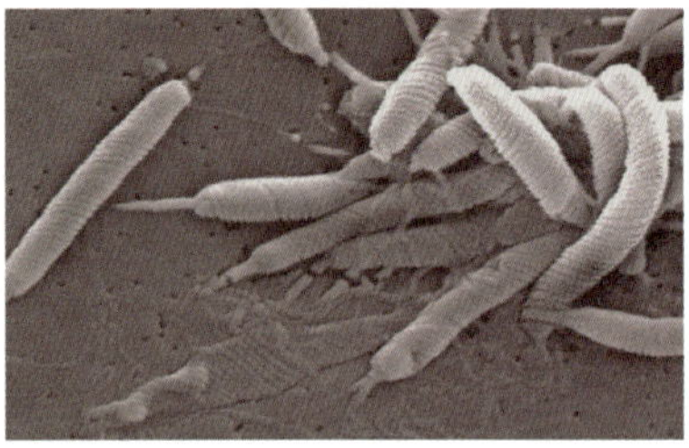
헬리코박터균

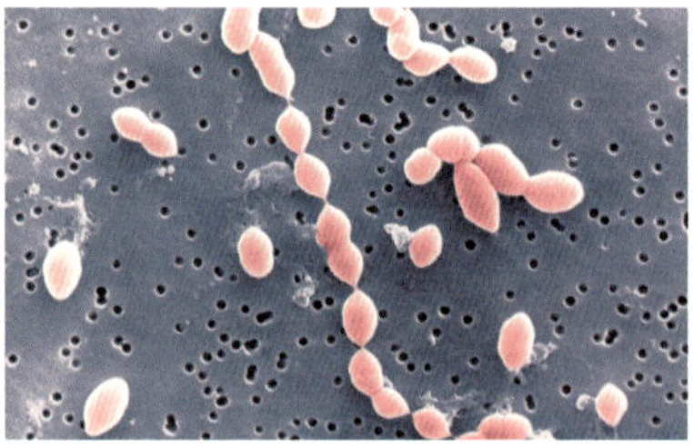
폐렴구균

▲ 현미경으로 관찰한 다양한 세균들

나선애의 과학 사전

세포 작을 세(細) 세포 포(胞). 생물을 이루는 기본 단위를 말해. 모든 생물은 세포로 이루어져 있단다.

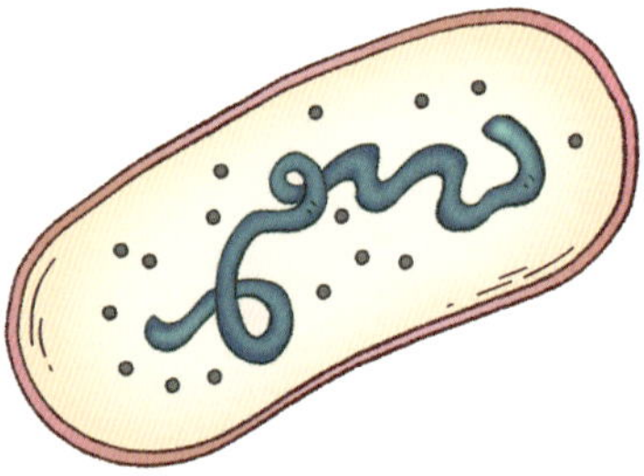

▲ 세균 세포의 내부 구조
구역이 뚜렷이 나뉘지 않고, 구조가 단순해.

"이게 다 세균이에요?"

"그래. 세균을 현미경으로 확대하여 관찰한 사진이야. 세균은 크기가 매우 작아. 우리 몸에는 세포가 약 40조 개나 있는데, 세균의 몸은 단 하나의 세포로 이루어져 있지. 얼마나 작은지 느껴지니?"

"우아! 상상도 안 돼요!"

"세균은 크기도 작고 몸의 구조도 단순해. 종류에 따라 겉모습은 조금씩 다르지만, 내부 구조는 거의 같지."

장하다가 고개를 끄덕이며 말했다.

"세균은 겉과 속이 모두 참 단순하네요!"

핵심정리

미생물이란 맨눈으로 보이지 않는 작은 생물을 말해. 세균, 균류, 원생생물이 미생물에 속하지. 세균은 크기가 매우 작고 세포 하나로 이루어져 있으며, 종류가 매우 많아.

눈에 보이는 곰팡이가 미생물이라고?

“자, 이제 세균 말고 다른 미생물에 대해 알아보자. 너희들 음식이나 벽에 생긴 곰팡이 본 적 있지? 곰팡이도 미생물이란다.”

왕수재가 팔짱을 끼며 말했다.

“미생물은 눈에 보이지 않는 작은 생물이라면서요? 근데 눈에 보이는 곰팡이가 미생물이라고요?”

▲ 딸기에 생긴 곰팡이

“오호, 수재가 아주 예리하구나. 곰팡이 세포 하나는 눈에 보이지 않을 만큼 작아서 현미경으로 관찰해야 해. 그러니 미생물이 맞아. 다만 곰팡이는 세포 여러 개가 모여서 덩어리를 이루며 우리 눈에 보일 정도로 크게 자라.”

“곰팡이 세포 하나는 작은데, 모여 있는 덩어리가 커서 눈에 보이는 거군요?”

“그래. 곰팡이는 세포 하나만 있어도 곰팡이로 살아갈 수 있단다. 이와 달리 수많은 세포로 이루어진 동물은 세포 하나만으로는 결코 살아갈 수 없지.”

"아하! 이제 알겠어요."

"곰팡이에 대해 좀 더 알아볼까? 곰팡이는 균류라고 하는 미생물에 속해. 균류는 세균의 '균'자와 같은 한자를 쓰지만, 세균과 전혀 다른 미생물이지."

용선생의 과학 현미경

균(菌)이라는 글자는 세균 또는 버섯이라는 뜻을 가진 한자야. 균류를 균계라고도 불러.

"뭐가 다른데요?"

"세포 자체가 달라. 세균의 세포는 단순하다고 했지? 그에 비해 균류를 이루는 세포는 조금 복잡해. 균류는 세포 안이 여러 부분으로 구분되어 제각기 맡은 일을 해. 한 부분에서 세포에 필요한 물질을 만들라고 명령하면, 다른 부분에서 그 물질을 만드는 식으로 말이지."

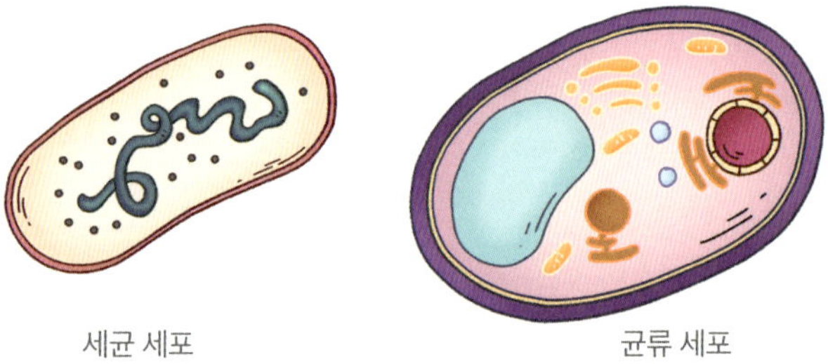

▲ 세균과 균류는 세포 내부 구조가 달라.

"흠, 세균과 균류는 이름만 비슷하고 아예 다르군요."

"그래. 균류를 이루는 세포는 실처럼 길게 이어져 자라는데, 이걸 균사라고 불러."

"그럼 혹시 우리 눈에 보이는 게 균사인가요?"

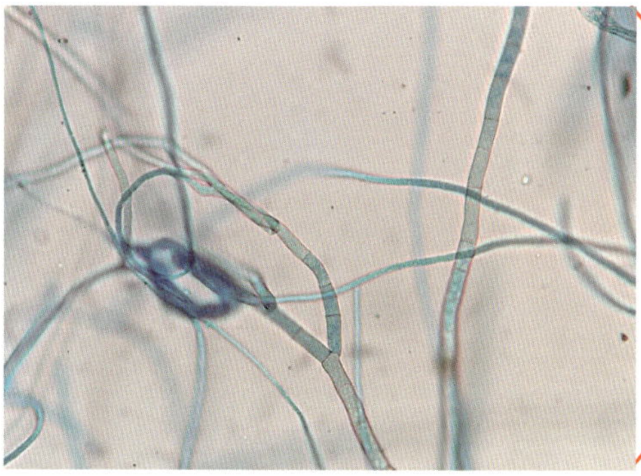

균사

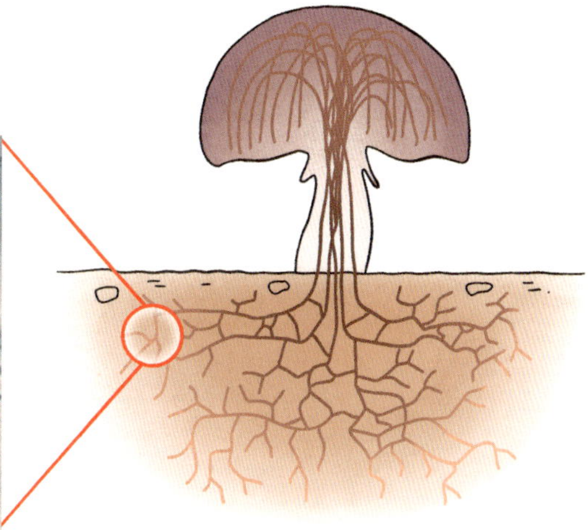

균사가 모인 덩어리

▲ 균류의 몸은 대부분 균사로 이루어져 있어.

"균사 하나하나는 현미경으로 확대해야 보여. 우리 눈에 보이는 건 균사가 모인 덩어리야."

장하다는 용선생이 띄운 화면을 가리키며 말했다.

"근데 균사가 모인 덩어리가 꼭 버섯처럼 생겼어요."

"오! 잘 봤어. 사실 이건 버섯이야. 버섯도 곰팡이와 같은 균류거든."

"버섯이 균류라고요? 전 지금껏 식물인 줄 알았어요!"

"하하, 버섯도 균사로 이루어져 있어. 버섯은 균사를 뻗어 자라다가 커다란 덩어리를 만들기도 하는데, 이 부분을 우리가 먹는 거란다."

"그러니까 곰팡이도, 버섯도 크게 자랐을 뿐 미생물이라는 거죠?"

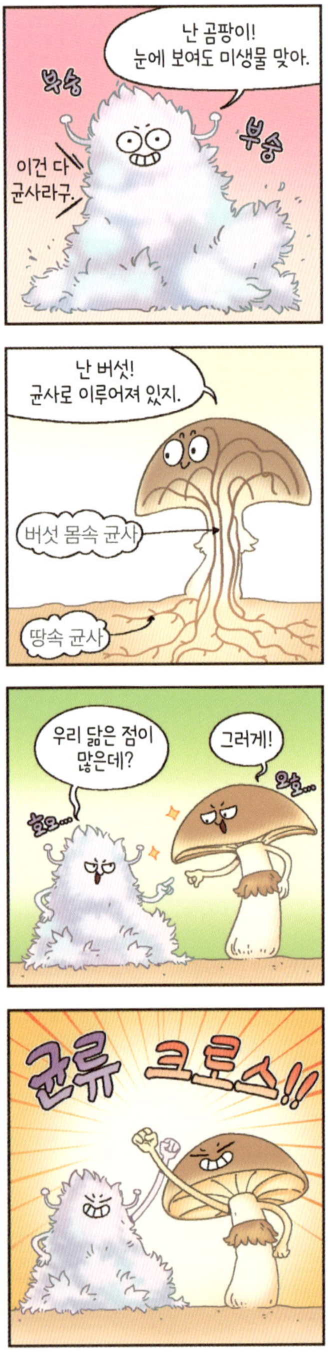

곰팡이

버섯

▲ 곰팡이와 버섯은 미생물 중 균류에 속해.

"바로 그거야!"

용선생이 흐뭇한 표정으로 고개를 끄덕였다.

핵심정리

곰팡이와 버섯은 균류라는 미생물이야. 균류는 몸이 균사로 이루어져 있는데, 균사가 모여 덩어리를 만들기도 해.

또 다른 미생물은?

"세균이랑 균류를 알아봤으니까, 이제 원생생물에 대해 알려 주세요."

"그래, 이걸 보렴. 연못 물을 현미경으로 관찰하면 짚신벌레, 아메바, 유글레나 같은 원생생물을 볼 수 있어."

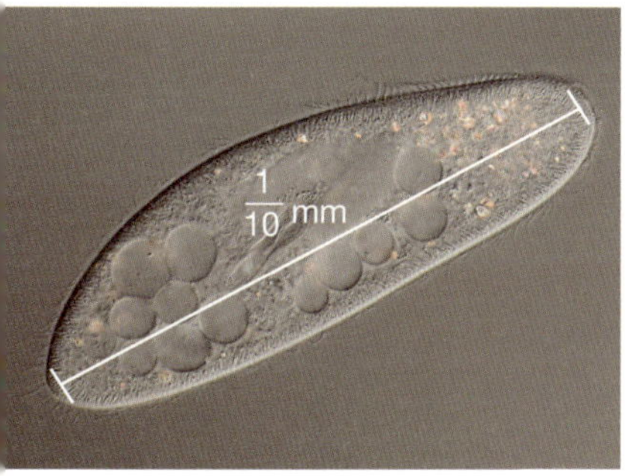

짚신벌레

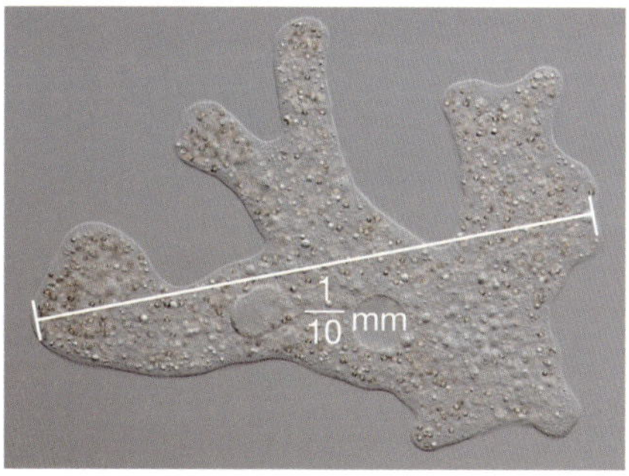

아메바

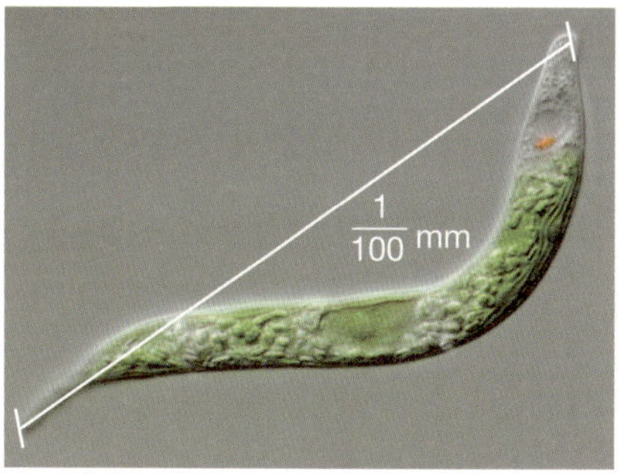

유글레나

▲ 연못에 사는 원생생물

"이름이 짚신벌레면 혹시 곤충인가요?"

"생긴 건 꼭 세균 같은데요?"

"하하, 짚신벌레는 곤충이 아니야. 세균과도 전혀 다른 미생물이지."

"뭐가 다른데요?"

"짚신벌레는 세균보다 크기가 10~100배 정도 크고 물 속에서 매우 활발하게 움직여. 또 짚신벌레의 몸을 이루는 세포는 균류처럼 내부 구조가 복잡하지."

"그럼 균류 아니에요?"

"균류는 균사가 모여서 덩어리를 이루며 자라지만, 짚신벌레는 세포 하나로만 이루어진단다."

"흠, 하나하나 따져 보니 세균하고도 다르고, 균류하고도 다르군요."

"그래. 이렇게 동물이나 식물, 세균이나 균류도 아닌 생물을 원생생물이라 불러."

왕수재가 화면을 가리키며 말했다.

"아메바나 유글레나는 짚신벌레랑 다르게 생겼어요. 원생생물끼리도 차이가 있나 봐요?"

"맞아. 생김새도 다르고 살아가는 모습도 조금씩 다르지. 아메바는 몸이 일정한 형태를 띠지 않고 계속 바뀌면서 움직인단다. 유글레나는 햇빛을 받아 스스로 양분을 만드는 광합성을 해."

나선애의 과학 사전

광합성 빛 광(光) 합할 합(合) 이룰 성(成). 이산화 탄소와 물을 재료로 햇빛을 이용하여 양분을 만드는 걸 말해. 몇몇 미생물과 대부분의 식물은 광합성을 하여 스스로 양분을 만들지.

나선애가 노트 필기를 멈추며 물었다.

"선생님, 갑자기 궁금한 게 생겼어요. 병을 일으키는 바이러스도 아주 작아서 맨눈에 안 보인다던데, 바이러스도 미생물인가요?"

"오, 좋은 질문이야. 일단 바이러스는 세균보다도 훨씬 작단다. 세균 크기의 $\frac{1}{100}$ ~ $\frac{1}{10}$ 정도로 작지."

"그러면 바이러스도 미생물이네요?"

"크기만 보면 그렇게 생각할 수도 있지. 하지만 바이러스는 다른 미생물과 달리 혼자서는 살아가지 못해. 그래서 과학자들은 바이러스가 아예 생물이 아니라고 해."

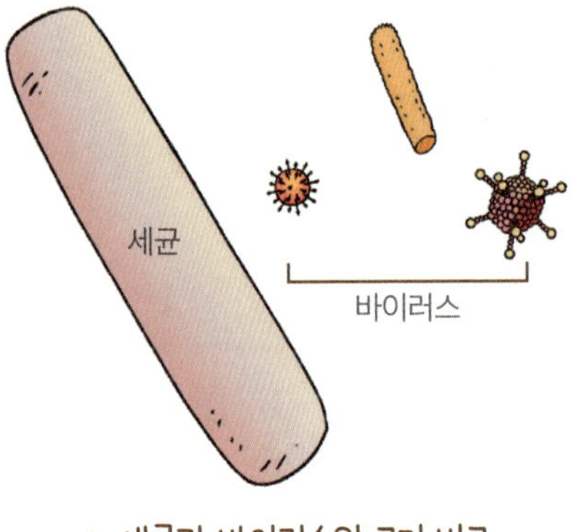

▲ 세균과 바이러스의 크기 비교

"어떻게 살길래요?"

"바이러스는 다른 생물의 몸 안에 들어가야만 생명 활동을 하면서 살 수 있단다. 다만 크기가 작아서 미생물과 함께 다룬다는 것만 알아두면 돼."

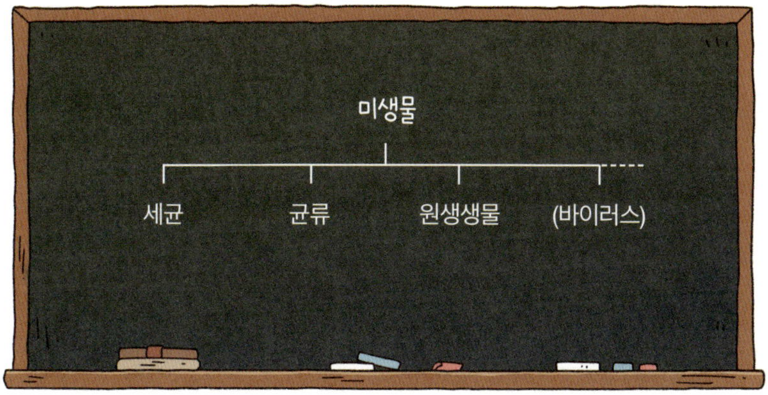

"아하, 그러니까 바이러스는 미생물은 아니지만, 미생물에 대해 배울 때 함께 배운다는 거죠?"

"바로 그거야."

그러자 곽두기가 슬쩍 말했다.

"선생님! 미생물에 대해 알아봤으니까, 이제 미생물이 가득한 요구르트를 간식으로 먹는 건 어떨까요?"

"하하, 좋은 생각이야. 다들 냉장고 앞으로 모이렴!"

핵심정리

원생생물은 대부분 복잡한 구조의 세포 하나로 이루어져 있는 미생물이야.
바이러스는 크기가 매우 작고 다른 생물이 있어야만 살 수 있지.

나선애의 정리노트

1. 미생물

① 맨눈으로 보이지 않는 작은 생물

② 종류

- ⓐ [ ] : 단순한 구조의 세포 하나로 이루어져 있음.

  예 유산균, 대장균, 헬리코박터균, 폐렴구균

- 균류: 복잡한 구조의 세포 여러 개가 길게 이어진 ⓑ [ ] 로 이루어져 있음.

  예 곰팡이, ⓒ [ ]

- 원생생물: 대부분 복잡한 구조의 세포 하나로 이루어져 있음.

  예 짚신벌레, 아메바, 유글레나

- ⓓ [ ] : 혼자서 살아가지 못하고 다른 생물 몸 안에 들어가야만 살 수 있음. 크기가 매우 작음.

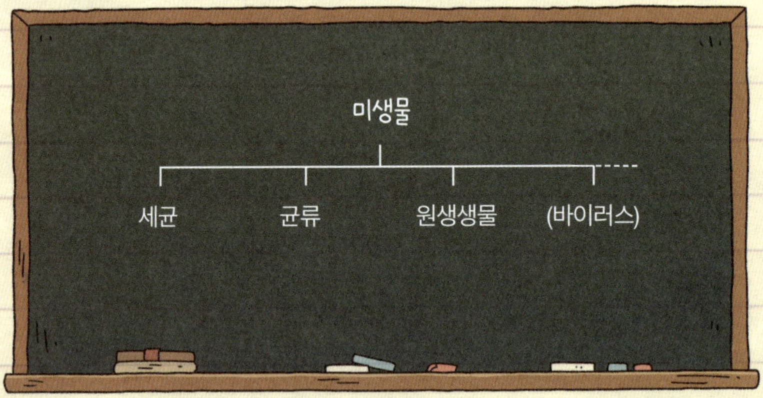

ⓐ 세균 ⓑ 균사 ⓒ 버섯 ⓓ 바이러스

과학퀴즈 달인을 찾아라!

●정답은 119쪽에

01

친구들이 이번 시간에 배운 내용에 대해 이야기하고 있어. 옳으면 O, 옳지 않으면 X를 표시해 줘.

① 미생물을 처음 관찰한 건 레이우엔훅이야. (　　)

② 세균을 박테리아라고도 불러. (　　)

③ 아메바는 햇빛을 받아 스스로 양분을 만들어. (　　)

02

곽두기가 버섯을 찾고 있어. 갈림길에서 버섯에 대한 옳은 설명을 따라가면 찾을 수 있대. 곽두기를 도와줘!

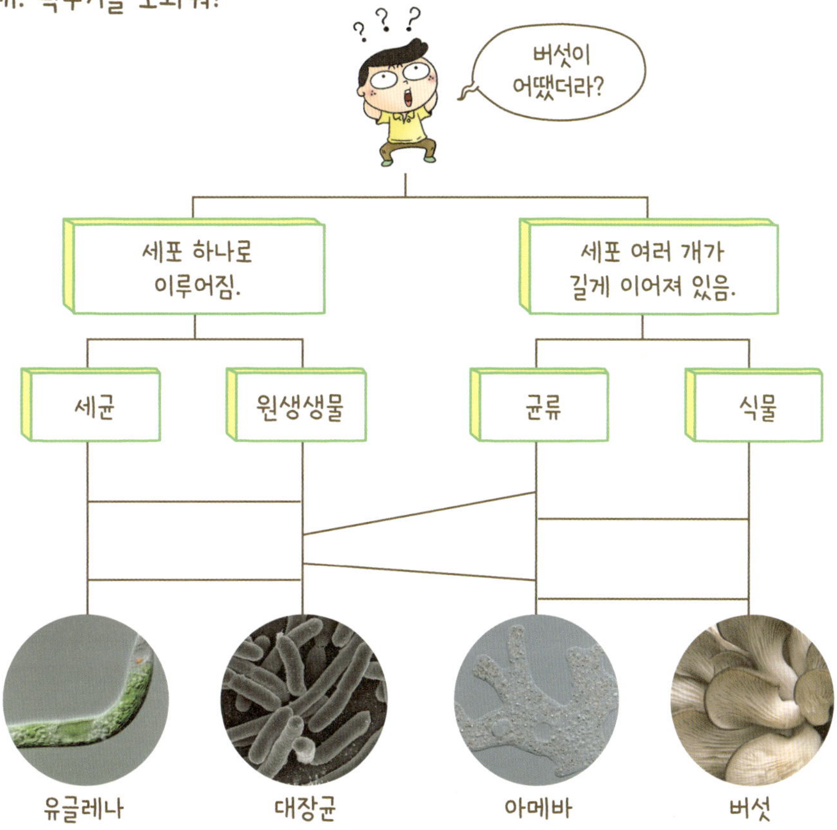

2교시 | 미생물의 생활

곰팡이가 빠르게 불어난 까닭은?

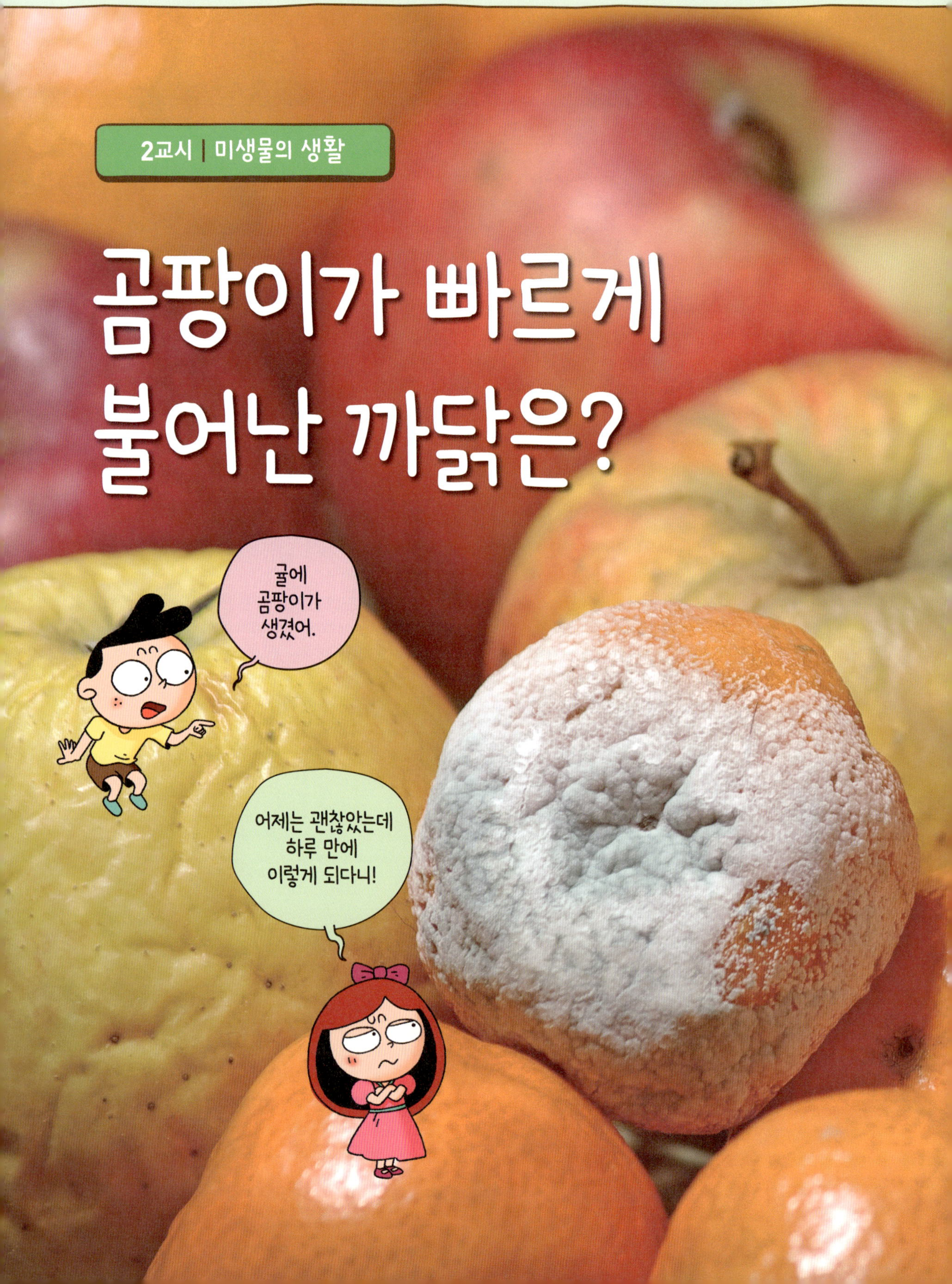

귤에 곰팡이가 생겼어.
어제는 괜찮았는데 하루 만에 이렇게 되다니!

교과연계

초 5-1 다양한 생물과 우리 생활
초 5-2 생물과 환경
중 3 생식과 유전

"영심아, 무슨 일 있어? 왜 울상이야?"

"어제 깜빡하고 과학실에 귤을 두고 갔는데, 이렇게 곰팡이가 생겼어."

"엥? 겨우 하루 만에?"

용선생이 아이들에게 다가와 말했다.

"곰팡이 같은 미생물은 수가 아주 빠르게 늘어날 수 있어. 어제는 눈에 보이지 않았어도, 오늘은 눈에 보일 만큼 늘어날 수 있지."

"헉, 곰팡이는 어떻게 그리도 빨리 늘어나죠?"

미생물은 뭘 먹고 살지?

"그걸 알려면 먼저 곰팡이가 어떻게 살아가는지부터 알

아야 해. 뭘 먹고 살고, 어떻게 자라는지 말이야."

곽두기가 손을 들고 물었다.

"귤에 생긴 곰팡이는 귤을 먹고 살겠죠?"

"하하, 그렇지. 곰팡이를 비롯해 우리 주변의 미생물은 보통 따뜻하고 습하면서 먹이가 많은 곳에 살아."

"먹이로 또 뭘 먹는데요?"

"먹이는 다양하단다. 귤처럼 우리가 먹는 음식뿐 아니라 다른 것도 먹어. 혹시 욕실이나 벽지에 생긴 곰팡이 본 적 있니? 곰팡이가 욕실 벽이나 벽지를 먹으며 자란 거야. 하지만 곰팡이를 포함한 미생물의 가장 흔한 먹이는 바로 죽은 생물이란다."

▼ 미생물의 다양한 먹이

나선애의 과학 사전

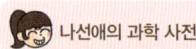

분해 나눌 분(分) 풀 해(解). 어떤 물질이 작게 쪼개지고 낱낱으로 나뉘는 것을 말해.

나선애의 과학 사전

피지 가죽 피(皮) 기름 지(脂). 피부에서 나오는 기름 성분으로 된 물질을 말해.

"죽은 생물이요?"

"응. 미생물은 죽은 생물의 몸을 먹고 분해해. 자연에서 죽은 생물은 보통 흙 위에 놓이고, 흙에는 세균부터 균류까지 수많은 미생물이 있어. 미생물들은 죽은 생물을 조금씩 먹어 치우는데, 이 모습이 우리 눈에는 죽은 생물이 썩는 것으로 보인단다. 만약 미생물이 없다면 세상은 죽은 생물로 가득 찰 거야."

"우아, 알고 보니 미생물이 엄청 중요한 일을 하네요!"

"그렇지! 미생물은 죽은 생물뿐 아니라 살아 있는 생물의 몸에도 살고 있어. 우리 몸에도 미생물이 살지."

"네? 혹시 미생물이 우리 몸도 분해하나요?"

"하하, 우리 몸에 사는 미생물은 우리가 먹은 음식을 함께 먹어. 또 피지나 각질 같이 몸에서 만들어진 물질을 먹기도 한단다."

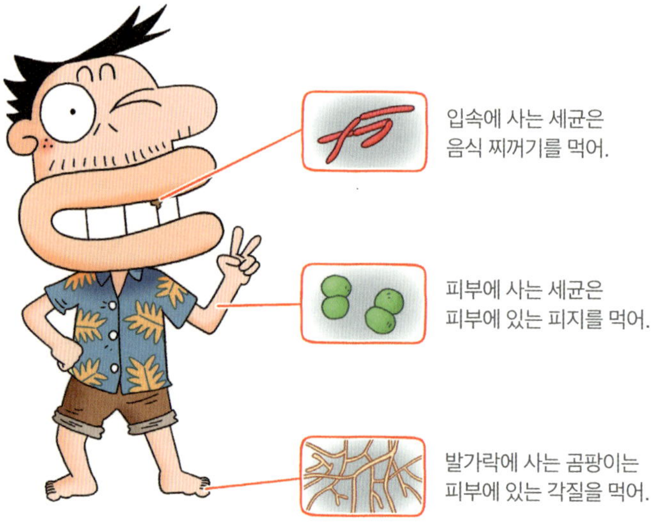
입속에 사는 세균은
음식 찌꺼기를 먹어.
피부에 사는 세균은
피부에 있는 피지를 먹어.
발가락에 사는 곰팡이는
피부에 있는 각질을 먹어.

▶ 우리 몸에 사는 미생물의 먹이

"으으, 정말 별걸 다 먹네요."

"어쩐지 몸이 간지러운 느낌이야."

"하하하! 이번에는 전혀 다른 물질을 먹는 미생물을 알아보자. 혹시 황세균이라는 미생물을 아니?"

"아뇨, 처음 들어 봐요."

"황세균은 아주 깊은 땅속에 살아. 그곳에는 살아 있는 생물도 없고, 죽은 생물도 없어."

"그럼 뭘 먹고 살아요?"

"황세균은 흙 속에 있는 황을 먹고 살아. 황을 먹는다고 해서 이름도 황세균이지. 어떤 세균은 철을 먹기도 해."

"헐, 황이나 철을 먹는다니 정말 놀랍네요!"

"한편, 먹이를 먹는 대신 스스로 양분을 만들어서 살아가는 미생물도 있어. 바로 남세균이야."

"남세균이요? 그건 양분을 어떻게 만드는데요?"

"남세균은 이산화 탄소를 재료로 쓰고, 햇빛을 이용하여 광합성을 해. 먹이를 먹어 양분을 얻는 게 아니라 광합성을 해서 스스로 양분을 만드는 거지. 지난번에 배운 유글레나처럼 말이야."

"오호, 먹고 사는 방법이 참 다양하네요."

"그치? 이렇듯 미생물은 다양한 먹이를 통해 양분을 얻

용선생의 과학 현미경

성냥을 켤 때 불이 붙는 부분에 황이 들어 있어. 황은 성냥뿐 아니라 고무, 파마약, 의약품을 만드는 데에도 쓰이지.

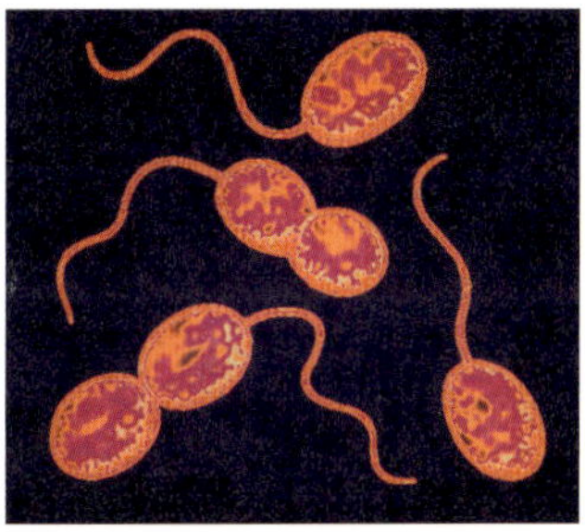
▲ 황을 먹고 사는 황세균

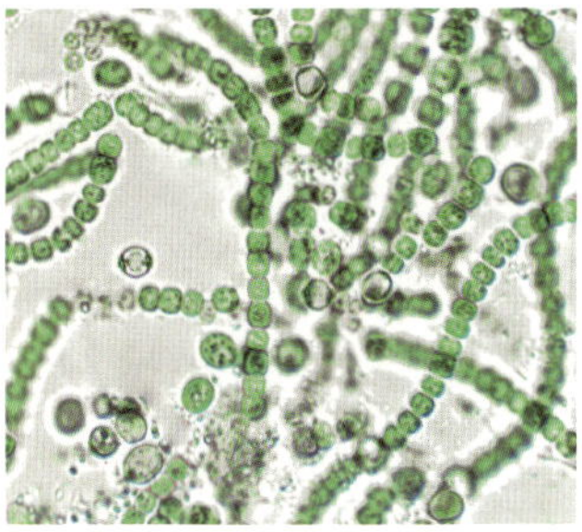
▲ 광합성을 하는 남세균

거나, 스스로 양분을 만들어."

"양분이 그렇게 중요한가요?"

핵심정리

미생물은 주로 죽은 생물의 몸이나 살아 있는 생물의 몸에서 만들어진 물질을 먹고 살아. 황이나 철을 먹거나, 스스로 양분을 만드는 미생물도 있어.

먹이를 먹은 다음에는?

"그럼! 모든 생물은 양분이 있어야 살아가는 데 필요한 에너지를 만들 수 있어. 미생물도 마찬가지지."

"맞아요. 먹어야 힘이 난다고요!"

장하다가 불쑥 말하자 허영심이 어깨를 으쓱이며 물었다.

"양분으로 어떻게 에너지를 만들어요?"

"미생물은 양분을 작게 분해하는데, 이때 에너지가 만들어져. 어떤 미생물은 에너지를 만들 때 산소를 쓰지. 그러면 양분을 모두 분해하여 많은 에너지를 얻을 수 있어. 짚신벌레가 이렇게 에너지를 만든단다."

"흠, 그럼 다른 미생물은요?"

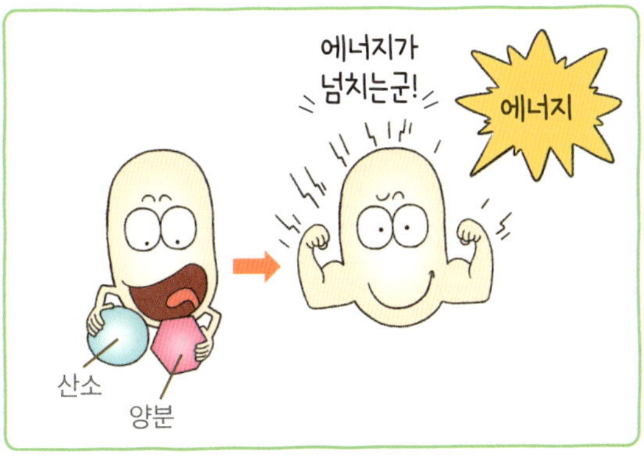

산소를 쓸 때

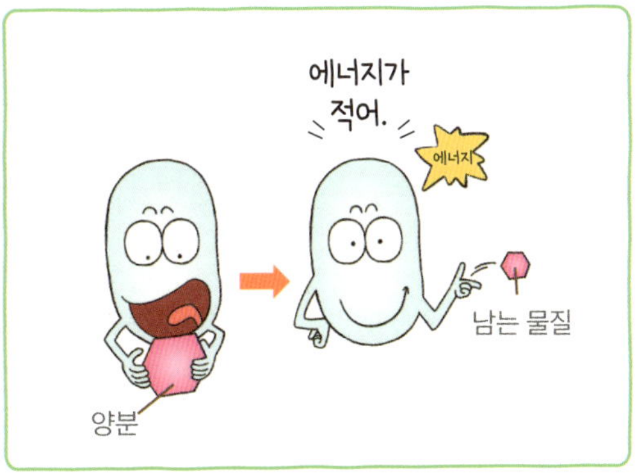

산소를 쓰지 않을 때

▲ 미생물이 에너지를 만드는 과정

"어떤 미생물은 산소 없이 에너지를 만들기도 하는데, 이 과정을 보통 '발효'라고 부르지."

"발효라는 말은 많이 들어 본 것 같아요."

"하하, 그럴 거야. 지난 시간에 배운 유산균도 발효를 한단다."

나선애가 재빨리 노트를 확인했다.

"아, 요구르트에 있는 세균이요?"

"응. 산소 없이 에너지를 만들 때엔 양분을 완전히 분해하지 못해. 그래서 발효가 일어나면 에너지가 적게 만들어지고, 남는 물질이 생겨. 유산균은 우유 속 양분을 발효시켜 젖산을 만들지. 그 젖산이 모인 게 바로 요구르트란다."

"미생물이 발효시켜 만든 걸 우리가 먹는 거였군요."

용선생의 과학 현미경

젖산을 유산이라고도 불러. 유산균은 유산, 즉 젖산을 만드는 세균이라는 뜻이야.

유산균　　유산균의 우유 발효　　유산균 발효 과정으로 만들어진 요구르트

▲ 유산균 발효 과정

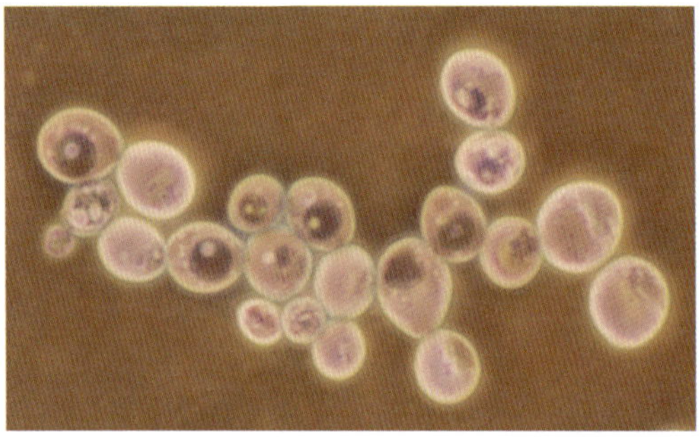

▲ **효모** 균류에 속하는 미생물이야. 균사로 이루어진 다른 균류와 달리 몸이 세포 하나로 되어 있어. 산소가 있으면 산소를 이용하여 에너지를 만들고, 산소가 없으면 발효를 해.

"그렇지. 어른들이 마시는 술도 발효로 만들어진단다. 바로 효모라고 하는 균류가 과일이나 곡식을 발효시켜 만들지. 효모가 발효를 일으키면 술의 주성분인 알코올이 생겨."

허영심이 눈을 크게 뜨며 말했다.

"술도 발효로 만드는 거라고요? 신기하다!"

"술뿐 아니라 김치, 치즈, 된장, 간장 같은 음식도 모두 발효를 이용해 만들어. 이런 음식들을 발효 식품이라고 부르지."

"맛있는 치즈도요? 발효가 사람에게 참 쓸모 있네요."

"그렇다고 미생물이 만드는 물질이 사람에게 이롭기만 하지는 않아. 오히려 사람에게 해로운 물질이 생길 때도 있지. 보통 미생물이 만드는 물질이 이로우면 발효라고 하고, 해로우면 부패라고 해. 부패는 쉽게 말해 썩는 거야."

▲ 미생물이 부패시킨 토마토와 햄

나선애가 필기를 멈추며 말했다.

"그럼 발효랑 부패는 같은 현상이네요? 사람에게 이로운지 해로운지에 따라 다르게 말할 뿐이고요."

"그렇지!"

핵심정리

미생물이 산소 없이 양분을 분해하여 에너지를 만들 때에는 남는 물질이 생겨. 미생물이 만드는 물질이 사람에게 이로우면 발효, 해로우면 부패라고 해.

미생물이 빨리 늘어나는 비결은?

장하다가 입을 쑥 내밀며 말했다.

"흠, 미생물이 어떻게 사는지는 알겠어요. 하지만 어떻게 해서 하루 만에 눈에 보일 만큼 늘어나는지는 모르겠어요."

"하하, 이제 그걸 알아볼 거야. 일단 미생물은 몸 크기가 아주 작다 보니 몸에 양분을 따로 저장할 곳이 거의 없어. 그래서 끊임없이 양분을 얻어 필요한 에너지를 만들지. 이렇게 만든 에너지는 대부분 번식에 쓰인단다."

"번식이요? 미생물은 어떻게 번식하나요?"

"아주 간단해. 몸을 나누어서 새로운 개체를 만들지."

"몸을 나누기만 하면 하나가 둘로 늘어나요?"

"응, 몸을 나누는 방법은 미생물마다 조금씩 차이가 있지만 말이야. 하나씩 살펴볼까?"

용선생은 화면을 바꾸며 말을 이었다.

> **나선애의 과학 사전**
>
> **번식** 많을 번(繁) 불릴 식(殖). 생물의 수가 늘어나서 많이 퍼지는 것을 말해.

> **나선애의 과학 사전**
>
> **개체** 살아가는 데 필요한 기능과 구조를 갖춘 하나의 생물체를 말해. 고양이 한 마리, 나무 한 그루, 세균 하나가 각각의 개체야.

▶ 세균의 번식

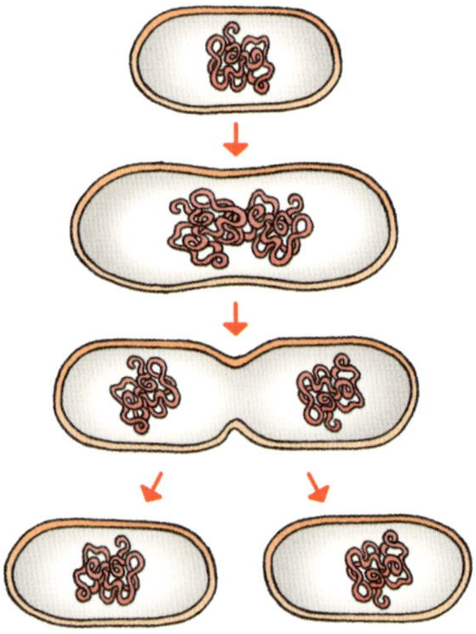

세균의 분열

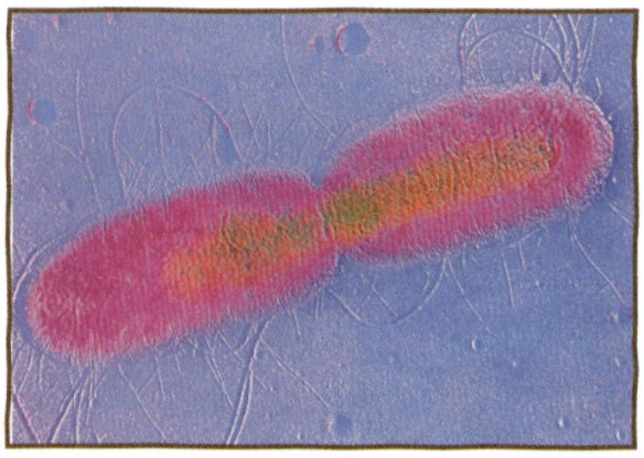

현미경으로 관찰한 분열 중인 대장균

"먼저 몸이 세포 하나로 된 원생생물이나 세균은 하나의 몸이 둘로 나뉘는데, 이걸 분열이라고 해. 분열하기 전에 세포가 자란 다음, 반으로 나뉘면 두 개체로 분열한 거야."

"오호, 정말 간단하네요."

"미생물은 먹이가 많고 살기 적절한 조건이 갖춰지면 빠르게 번식해. 특히 세균은 빠르면 20분, 늦어도 몇 시간 만에 한 번 분열하여 두 배로 늘어날 수 있어."

"우아, 정말 빠르네요. 세포 하나로 된 미생물은 다 분열하여 번식하나요?"

"조금 다른 방법을 쓰는 미생물도 있어. 효모는 하나의 세포로 이루어진 몸에서 혹 같은 돌기가 생기는데, 이 부분이 떨어져 나가서 새로운 개체가 되지."

왕수재가 손을 들고 물었다.

"아까 효모는 균류라고 하셨잖아요. 그럼 다른 균류도 효모처럼 번식하나요?"

"아주 좋은 질문이야! 곰팡이와 버섯 같은 균류는 세포 여러 개가 이어진 균사로 이루어져 있다고 했지? 이런 균류는 효모와 다른 방법으로 번식해."

"어떻게요?"

나선애의 과학 사전

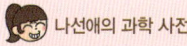

분열 나눌 분(分) 찢을 열(裂). 하나가 찢어지거나 갈라져서 둘 이상으로 나뉘는 것을 말해.

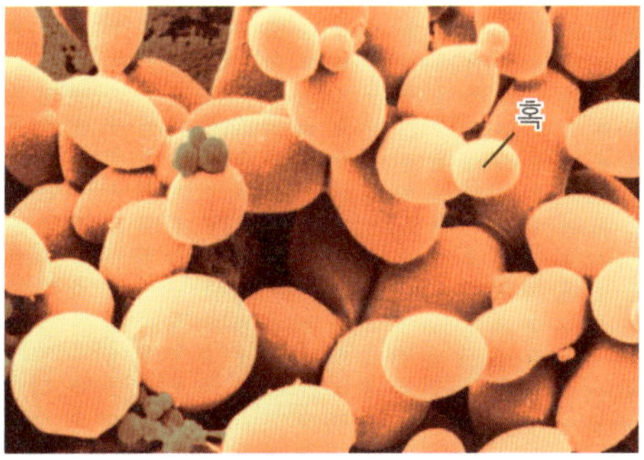

▲ **효모의 번식** 혹이 떨어져 나가 새로운 개체로 자라.

"균류는 균사의 끝에서 포자라고 하는 작은 알갱이를 만들어. 포자는 아주 작고 가벼운 데다 단단한 벽으로 둘러싸여 있지. 물이나 바람을 따라 멀리 퍼져 나간 포자는 살기 적절한 곳에 자리 잡고 균사를 내어 새로운 개체로 자란단다."

"얼마나 빨리 자라는데요?"

"포자에서 자라난 균사는 하루에 1mm 정도 자라. 이렇게 금방 자라서 3~4일 만에 수백만 개의 포자를 다시 만들 수 있어. 곰팡이와 버섯 같은 균류는 이렇게 포자를 만

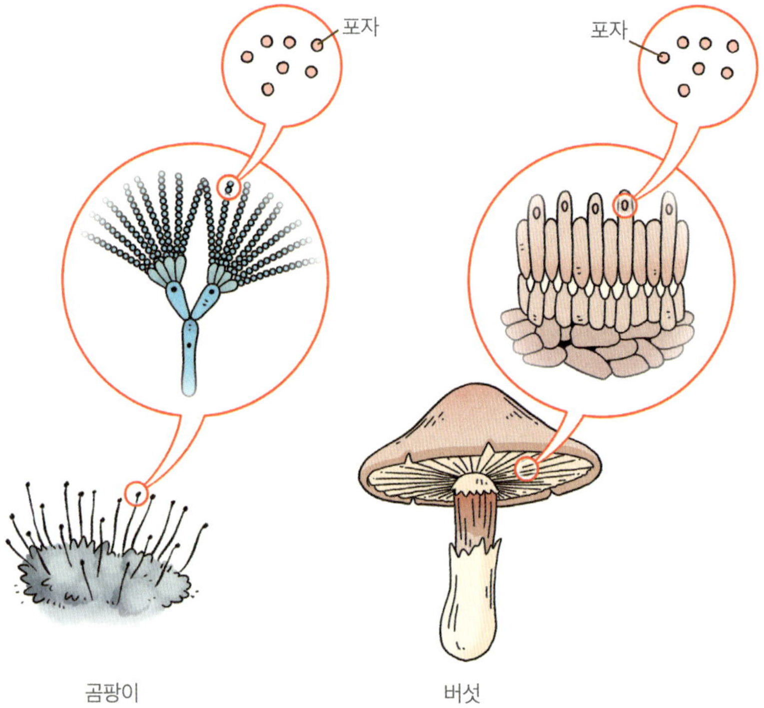

▲ **균류의 번식** 곰팡이와 버섯 같은 균류는 균사의 끝부분에서 포자를 만들어.

들어서 번식한단다."

허영심이 곰팡이가 핀 귤을 가리키며 말했다.

"그럼 곰팡이가 안 보일 때에도 저 귤에 이미 곰팡이 포자가 자리 잡고 있던 거네요?"

"맞아. 귤을 먹이 삼아 하루 만에 번식한 거야."

그때 나선애가 흠칫 놀라며 말했다.

"혹시 곰팡이가 지금도 포자를 만들고 있나요?"

용선생이 고개를 끄덕이자 장하다가 교실을 뛰쳐 나가며 소리쳤다.

"으으, 곰팡이 포자가 퍼지고 있대. 도망가자!"

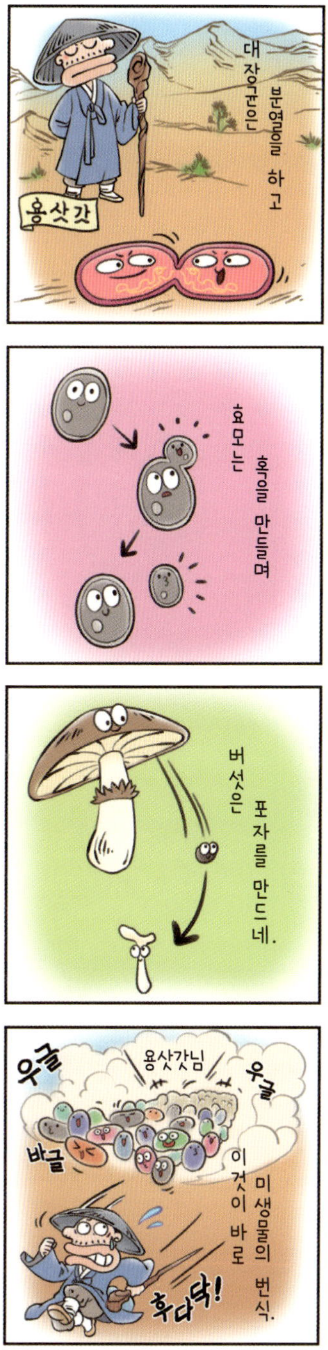

핵심정리

세포 하나로 이루어진 미생물은 몸을 둘로 분열하거나, 몸에 생긴 혹이 떨어져 나가는 방법으로 번식해. 곰팡이와 버섯 같은 균류는 포자를 만들어 번식하지.

나선애의 정리노트

1. 미생물의 먹이

① 죽은 생물의 몸 또는 살아 있는 생물의 몸에 있는 물질

② 황, 철 같은 물질

③ 이산화 탄소를 재료로 광합성하여 만든 ⓐ [ ]

2. 미생물이 에너지를 만드는 과정

① 산소가 있을 때: 에너지를 많이 만듦.

② 산소가 없을 때: 에너지를 적게 만듦. 남는 물질이 생김.

- 발효: 남는 물질이 사람에게 이로운 경우
  - 예 유산균: 발효를 일으켜 ⓑ [ ]을 만듦.
  - ⓒ [ ]: 발효를 일으켜 알코올을 만듦.
- 부패: 남는 물질이 사람에게 해로운 경우

3. 미생물의 번식 방법

① 원생생물과 세균: 하나의 세포로 이루어진 몸을 둘로 나누는 ⓓ [ ]을 함.

② 효모: 하나의 세포로 이루어진 몸에서 혹이 떨어져 나가 새로운 개체가 됨.

③ 효모 외의 균류: 균사 끝에서 ⓔ [ ]를 만들어 퍼뜨림.

ⓐ 양분 ⓑ 젖산 ⓒ 효모 ⓓ 분열 ⓔ 포자

과학퀴즈 달인을 찾아라!

●정답은 119쪽에

01

친구들이 이번 시간에 배운 내용에 대해 이야기하고 있어. 옳으면 O, 옳지 않으면 X를 표시해 줘.

① 곰팡이는 죽은 생물을 먹고 살아. (　　)

② 짚신벌레는 포자를 만들어서 번식해. (　　)

③ 세균은 빠르면 20분 만에 한 번 분열할 수 있어. (　　)

02

다음 보기 의 문장 속 괄호에 들어갈 말을 아래의 네모칸에서 찾아 동그라미로 표시해 줘. 정답은 가로, 세로, 대각선으로 찾으면 돼.

보기

미생물은 (　　　　) 없이도 에너지를 만들 수 있어.
이때 남는 물질이 사람에게 이로우면 (　　　　),
해로우면 (　　　　)라고 불러.

산	소	나	무
지	금	라	한
발	전	부	대
효	도	상	패

용선생의
과학 카페

과학계의 핵인싸,
용선생의 과학 카페에
오신 걸 환영합니다.

Log in

MENU

- 물리면 아프다
- 화학이 화하하
- 생물 오징어
- 지구는 둥글다

특이한 세균들 모여라!

유산균은 젖산을 만드는 세균이라고 했지? 이처럼 지구에 사는 여러 가지 세균은 다양한 물질을 만든단다. 지금부터 아주 특이한 물질을 만드는 세균들을 소개할게!

자연에서 가장 강력한 접착제를 만드는 세균

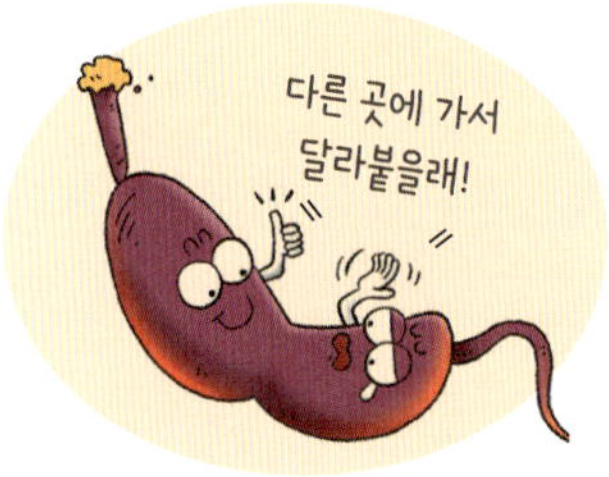

난 '콜로박터'라고 해! 길쭉한 자루 끝부분에서 나오는 끈적한 물질로 어디라도 찰싹 달라붙어. 얼마나 끈적하냐고? 너희가 쓰는 초강력 접착제보다 몇 배나 더 강력해서, 접착된 물체를 자동차로 잡아끌어도 떨어지지 않을 정도야. 한번 달라붙으면 절대 떨어지지 않아! 대신 분열한 개체가 달라붙을 다른 곳을 찾아 떠나지.

자석을 만드는 세균

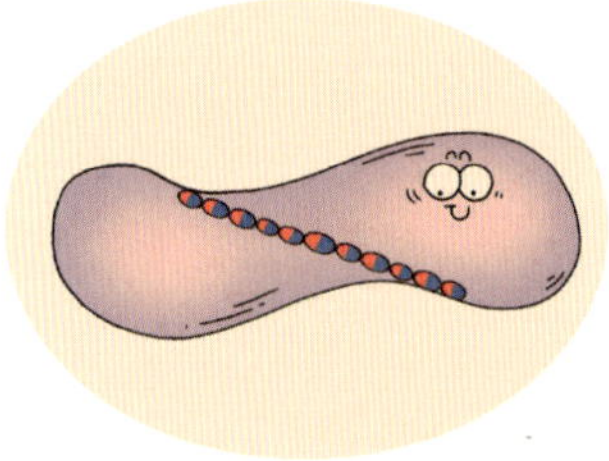

안녕? 내 이름은 '마그네토스피릴리움'! 내 몸속에는 자석이 들어 있어. 나처럼 자석의 성질을 띠는 세균을 '주자성 세균'이라고 하지. 어떻게 몸속에 자석을 만들었냐고? 물속 흙바닥처럼 산소가 적은 곳에 살면서, 철을 먹고 자석 알갱이를 만들었지. 몸속에 줄지어 늘어선 자석을 나침반처럼 이용해 살기 적당한 환경을 찾아가!

장하다의 오답을 피하는 방법

나선애의 야무진 실험실

왕수재의 아는 척 과학교실

허영심의 별 헤는 밤

곽두기의 빅뱅 따라잡기

전기를 만드는 세균

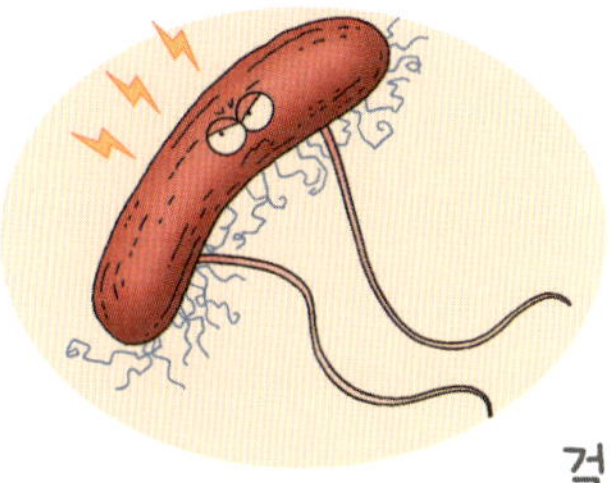

난 '지오박터'라고 해. 내 능력이 뭔지 궁금하니? 난 산소가 없는 곳에 살면서 철이나 납 같은 금속부터 방사능 물질까지 가리지 않고 먹어 치워. 이런 걸 먹고 전기를 만든 다음 몸 길이의 100배 떨어진 곳까지 전기를 보내지! '찌릿찌릿' 감전되고 싶지 않으면 어서 피해!

얼음을 만드는 세균

내 이름은 '슈도모나스 시링가에'야. 물은 온도가 0℃(섭씨 0도)보다 낮을 때 얼어서 얼음이 되는데, 난 주위 온도에 상관없이 얼음을 만들 수 있어! 주로 식물의 잎이나 열매에 얼음을 만들어서 파괴한 다음, 파괴된 부분을 먹고 산단다. 또 공기 중을 떠다니면서 공기 속에 있는 물을 얼음으로 바꾸기도 해. 이게 우박으로 자라기도 하지.

COMMENTS

얼음을 만드는 세균은 엘사라고 부르면 좋겠다.

└ 그럼 접착제 만드는 세균은 스파이더맨이라고 할까?

└ 크크, 그럼 전기 만드는 세균은 번개맨!

3교시 | 자연에 사는 미생물

미생물이 살 수 없는 곳은 어디일까?

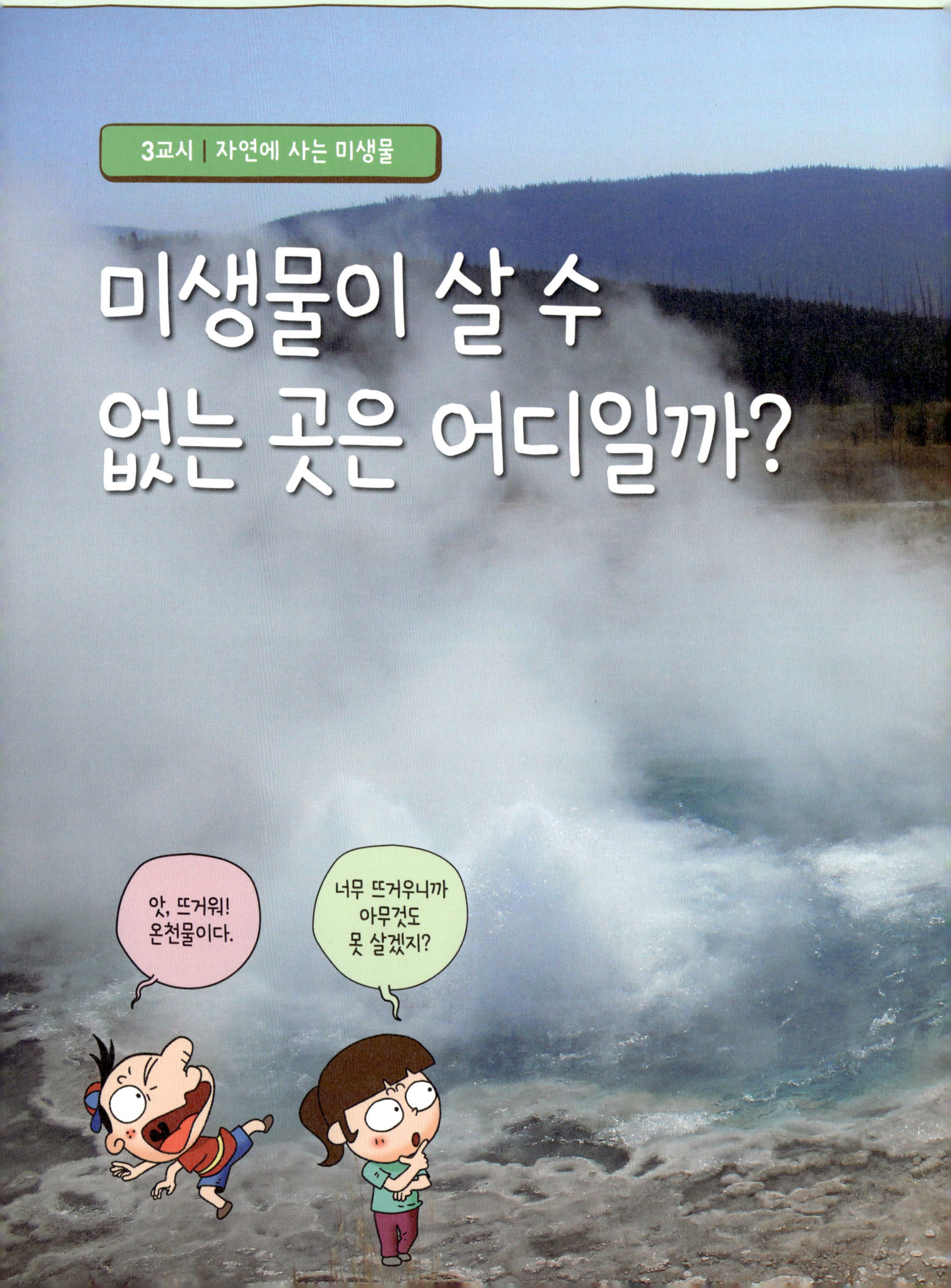

앗, 뜨거워! 온천물이다.
너무 뜨거우니까 아무것도 못 살겠지?

교과연계

초 5-1 다양한 생물과 우리 생활
중 1 생물의 다양성

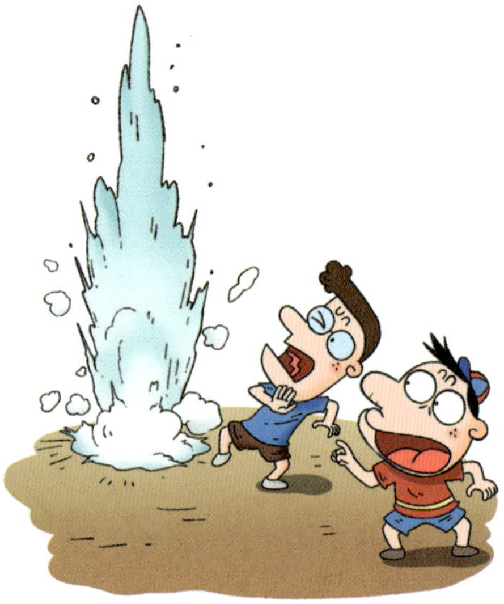

왕수재가 아이들에게 여행에서 찍은 사진을 보여 주었다.

"이건 펄펄 끓는 물이 솟구치는 온천이야. 너무 뜨거워서 가까이 가지도 못해."

사진을 뚫어져라 보던 장하다가 고개를 갸웃거렸다.

"그래? 그렇게 뜨거우면 여긴 아무것도 못 살겠네?"

"흠, 미생물은 살 수 있단다."

곁에서 아이들을 지켜보던 용선생이 대답하자 장하다가 깜짝 놀라 말했다.

"네? 이렇게 뜨거운 물속에 미생물이 산다고요?"

"그래. 지구상에 있는 미생물은 무척 다양한 환경에서 살아가고 있지."

"또 어디에 사는데요?"

땅속에서 살아가려면?

"이번 시간에 차근차근 살펴보자. 우리가 사는 지구에는 땅에 사는 미생물도 있고, 물에 사는 미생물, 심지어 공기 중에 떠다니는 미생물도 있어."

장하다가 심드렁하게 말했다.

"에이, 동물도 땅에 살고, 물에도 살고, 날아다니기도 하는걸요."

"하하! 하지만 동물보다 미생물이 훨씬 많지. 특히 땅을 이루는 흙에는 미생물이 아주 많아. 곳에 따라 차이는 있지만, 보통 땅 표면의 흙 1g(그램) 속에 적게는 수백만 개, 많게는 수십억 개의 미생물이 산단다."

▲ 흙 1g

허영심이 눈을 크게 뜨며 말했다.

"흙에 미생물이 그렇게 많아요?"

"응. 흙에는 죽은 생물의 몸인 사체나 동물의 똥오줌 같은 배설물이 많이 섞여 있어. 모두 미생물이 즐겨 먹는 먹이지. 땅에 먹이가 많으니까 미생물이 많이 사는 거야."

"참, 지난 시간에 미생물이 죽은 생물의 몸을 썩게 한다고 하셨죠."

나선애의 과학 사전

무기 양분 생물의 몸을 구성하고 생명 활동에 꼭 필요한 물질이야. 미네랄이라고도 불러. 질소, 칼륨, 칼슘, 마그네슘, 인, 황, 철, 아연 등이 무기 양분에 속해.

"그래. 세균과 곰팡이 같은 미생물은 생물의 사체나 배설물을 잘게 분해해서 양분을 얻고 에너지를 만들어. 분해된 사체나 배설물은 무기 양분이라는 아주 작은 물질이 되어 흙에 섞이지. 이걸 식물이 흡수한단다."

"식물이 무기 양분을 흡수해요?"

"응. 무기 양분은 식물에 꼭 필요한 물질이지만, 식물 스스로 만들지 못해. 그래서 식물은 흙 속에 뻗은 뿌리로 무기 양분을 흡수해서 살아가. 이렇게 미생물은 흙에 사는 식물에도 큰 영향을 끼쳐."

아이들이 고개를 끄덕이자 용선생은 말을 이었다.

"흙에 사는 미생물 중에는 식물과 서로 도움을 주고받는 미생물도 있어. 완두콩이나 강낭콩이 열리는 식물 뿌리에는 세균이 혹처럼 붙어서 살지. 뿌리에 혹을 만든다고 해서 이 세균을 '뿌리혹박테리아'라고 불러."

"왜 하필 뿌리에 살아요?"

▲ 강낭콩 뿌리에 생긴 혹

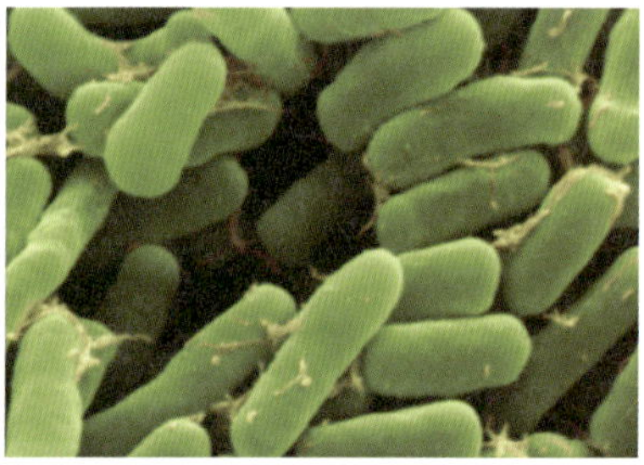
▲ 현미경으로 관찰한 뿌리혹박테리아

"식물이 뿌리로 무기 양분을 흡수하기 때문이야. 식물은 콩을 만들 때 질소라는 무기 양분이 많이 필요해. 뿌리혹박테리아는 공기 중의 질소를 식물이 쓸 수 있는 형태인 암모니아로 바꿔서 뿌리에 줘. 대신 식물이 광합성으로 만든 양분을 먹이로 얻지."

"오호, 정말 서로 도우며 사네요."

"한편 아주 깊은 땅속에 사는 미생물도 있어. 이곳에는 생물도 없고 사체나 배설물도 없어서 미생물이 살아가는 모습이 전혀 다르단다."

"얼마나 깊은 곳에 사는데요? 100m(미터)?"

"하하, 그보다 훨씬 깊어. 지금까지 미생물이 발견된 가장 깊은 곳은 땅 표면에서 5,000m 들어간 곳이야. 그곳에 묻힌 석유나 금속을 캐기 위해 파낸 흙에서 발견했지."

"헉! 5,000m요? 상상도 못 했어요. 그렇게 깊은 땅속에도 미생물이 산다니!"

"이렇게 깊은 곳은 끓는 물보다도 온도가 높아서 매우 뜨겁고, 위에 쌓인 엄청난 양의 흙이 누르는 힘까지 받아. 물론 생물의 사체나 배설물 같은

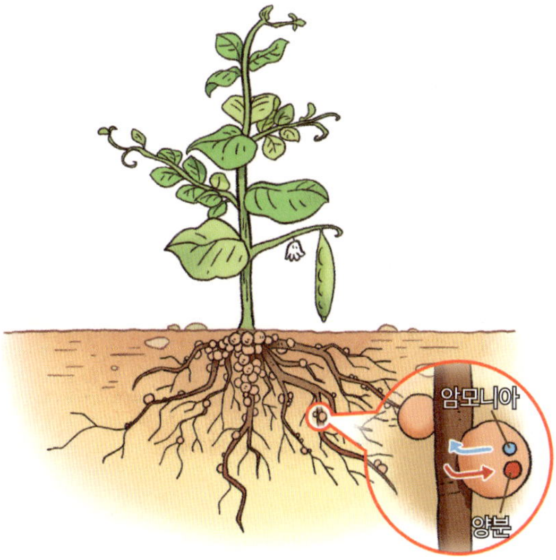

▲ 뿌리혹박테리아와 식물의 관계

▼ 깊은 땅속에서 흙을 파내는 모습 주로 땅속에 묻혀 있는 석유나 금속을 캐기 위해 땅을 깊이 파내. 이때 얻어 낸 흙에서 미생물을 찾아 연구하지.

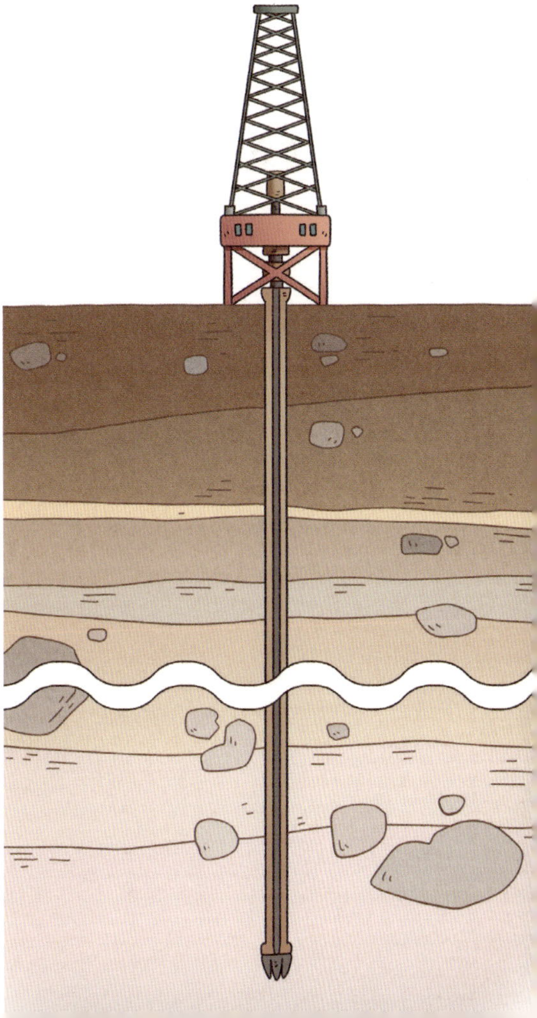

먹이도 없지."

"그럼 깊은 땅속에 사는 미생물은 뭘 먹고 살죠?"

"흙 속에 있는 황이나 철, 질소 같은 무기 양분을 먹어."

용선생은 화면에 사진을 띄우며 말을 이었다.

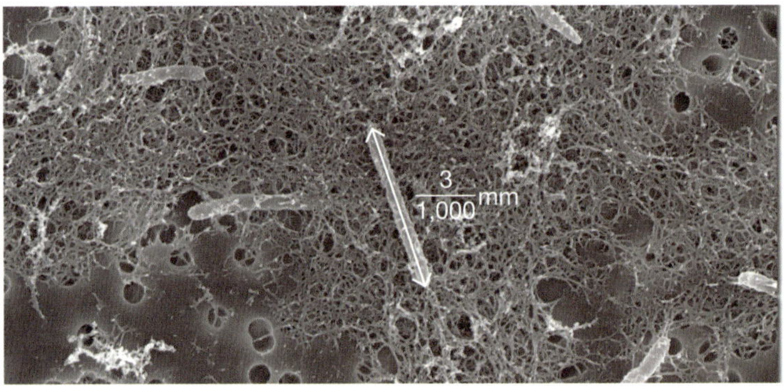

▲ 황을 먹고 살아가는 데술포루디스

"이건 땅속 2,500m 금광에서 발견된 '데술포루디스'라는 세균이야. 이 세균은 황에 화학 반응을 일으켜서 살아가는 데 필요한 에너지를 얻는단다. 하지만 이렇게 얻는 에너지는 양이 아주 적어서, 미생물이 자라고 번식하는 생명 활동이 아주 천천히 일어나지."

나선애의 과학 사전

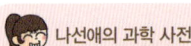

화학 반응 어떤 물질의 성질이나 구조가 달라져서 원래 물질과 다른 새로운 물질로 변하는 걸 말해.

"생명 활동이 천천히 일어나면 안 좋은 거 아니에요?"

"꼭 그런 건 아니야. 어떤 세균은 생명 활동이 아주 느리게 일어나는 대신, 수백 년 동안 살기도 하거든. 아주 오래 살지?"

"헐! 사람보다 오래 사는 세균이라니 정말 놀랍네요!"

핵심정리

땅 표면 근처에 사는 미생물은 생물의 사체나 배설물을 분해하여 무기 양분으로 바꿔. 깊은 땅속에 사는 미생물은 황, 철, 질소 같은 무기 양분을 이용하여 에너지를 얻어 살아가.

바다에는 어떤 미생물이 살까?

"이번에는 바다로 가 보자! 바닷물에도 세균, 균류, 원생생물 등 다양한 미생물이 살고 있어. 보통 바닷물 1g에는 100만 개가 넘는 미생물이 있단다."

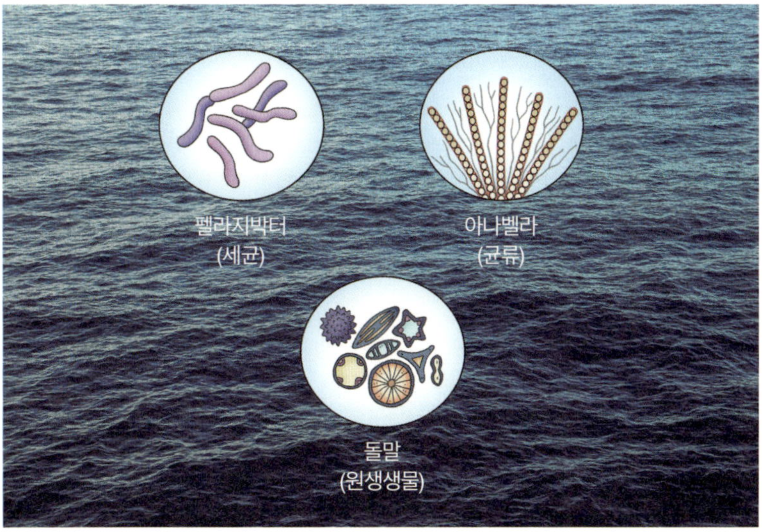

▲ 바닷물에 사는 여러 미생물

"바닷물에 사는 미생물은 뭘 먹고 살아요?"

"땅에 사는 미생물과 마찬가지야. 죽은 생물의 몸을 먹거나 살아 있는 생물에 달라붙어서 양분을 얻지."

용선생은 아이들을 잠시 둘러보며 말을 이었다.

"너희들, 지난 시간에 배운 남세균 기억하니?"

"기억나요. 광합성을 해서 양분을 만드는 미생물이라고 하셨어요."

"그래. 남세균은 물이 있는 곳이면 어디든 살아. 특히 넓은 바다에 엄청나게 많이 살지. 또 현재 지구에 사는 생물 중에서 가장 오래전부터 살아온 생물이란다."

"언제부터 살았는데요?"

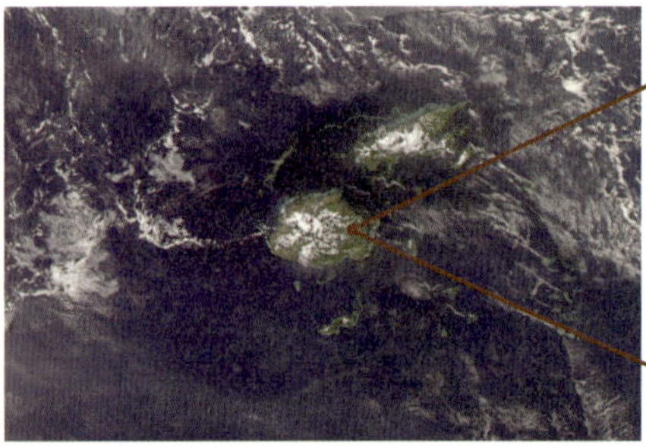

▲ 인공위성에서 보이는 바다의 남세균 무리

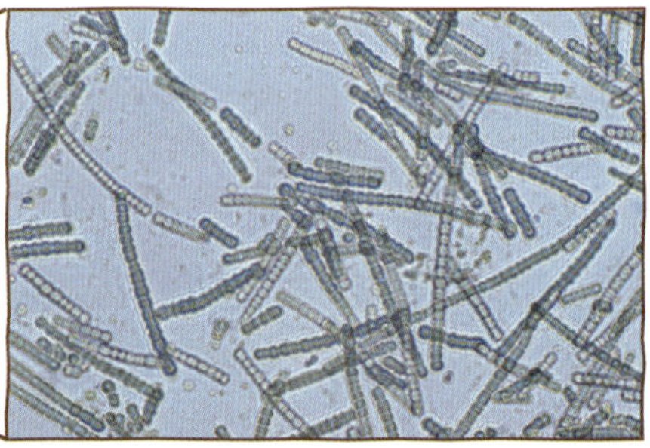

▲ 현미경으로 관찰한 남세균

"무려 35억 년 전부터 살았단다. 당시 지구에는 공기 중에 산소가 없었어. 그러다 남세균이 나타나서 햇빛을 받아 양분을 만들면서 산소도 함께 만들었지. 남세균이 많아지

▲ **오스트레일리아 바닷가에 있는 스트로마톨라이트** 35억 년 전부터 바닷가 돌에 붙어서 자란 남세균이 겹겹이 쌓인 화석이야.

고 공기 중에 산소가 점점 많아지자 비로소 산소로 숨을 쉬며 사는 생물도 나타났어."

"우아! 남세균이 엄청난 일을 했네요!"

"그럼. 지금도 지구에 있는 산소의 절반 이상을 남세균이 만들어 내고 있어. 이렇듯 바다에 사는 미생물 중엔 놀라운 미생물이 많아. 기름을 먹는 미생물도 그중 하나야."

"바다에 웬 기름이죠?"

▲ 기름이 흘러나와 오염된 바다

▲ 기름이 퍼지지 못하게 막을 쳤어.

"바다를 오가는 배에서 사고가 일어나 배에 있던 기름이 흘러나오는 경우가 있어. 이때 기름으로 오염된 바다를 복구하기 위해 사람들도 노력하지만, 몇 년이 지나면 바다가 저절로 깨끗해져. 이건 기름을 먹고 분해하여 무기 양분으로 바꾸는 '알카니보락스' 같은 세균 덕분이지."

"오, 그런 세균이 있다니 정말 다행이에요."

"맞아. 이렇게 미생물은 바다를 오염시키는 물질을 분해하여 없애는 일도 한단다."

곽두기가 눈을 반짝이며 "미생물 멋지다!"라고 말했다.

핵심정리

바다에도 다양한 미생물이 살고 있어. 남세균은 광합성을 해서 산소를 만들어내. 바다에는 기름 같은 오염 물질을 먹고 분해하는 세균도 있어.

이런 곳에 사는 미생물도 있을까?

"근데 땅 표면과 깊은 땅속에 서로 다른 미생물이 사는 것처럼 아주 깊은 바닷속에는 또 다른 미생물이 살아."

"아하, 바다에서도 깊은 곳은 환경이 다른가 봐요? 땅처럼요.”

“맞아! 땅속은 위에 쌓인 흙이 누르는 힘을 받는댔지? 마찬가지로 바닷속은 위에 있는 물이 누르는 힘을 받아. 이처럼 바다 표면 근처와 깊은 바닷속은 환경이 다르니까 살아가는 미생물 종류도 다르지.”

“그렇겠네요.”

“수천 미터 깊은 바닷속에는 땅 일부가 갈라져 뜨거운 물이 치솟는 구멍도 있어. 이 구멍을 열수구라 하지. 열수구의 온도는 300℃ 이상으로 아주 뜨겁단다.”

“어휴, 생각만 해도 뜨겁고 숨 막혀요.”

“하하하! 이런 열수구에도 미생물이 살아. 여기에 사는 미생물 중에는 열수구에서 나오는 황화 수소라는 기체를 이용하여 에너지를 얻는 세균도 있어.”

나선애의 과학 사전

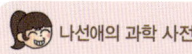

황화 수소 달걀 썩는 냄새가 나는 기체로, 독성이 있어.

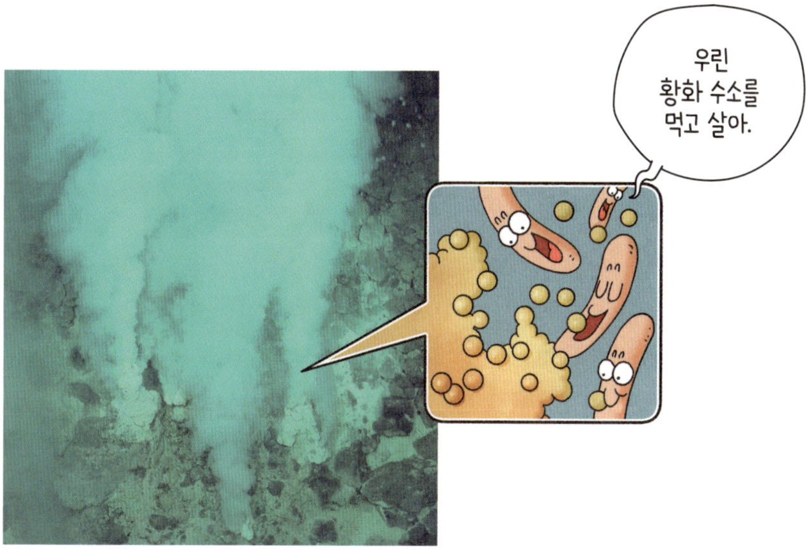

▲ 열수구에 사는 미생물

▲ **미국 옐로스톤 국립공원의 버섯 온천** 높은 온도에서 살 수 있는 세균이 처음 발견된 곳이야. 이곳의 온천물은 80℃에 이를 정도로 뜨거워.

▲ **우주 정거장** 우주에 관한 연구를 하기 위해 만들어진 곳이야. 우주 정거장 밖 실험 장치에서 1년 동안 살아남은 미생물도 있어.

나선애의 과학 사전

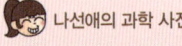

고균 옛 고(古) 균 균(菌). 고세균이라고도 부르는 미생물의 한 종류야.

"정말 살기 어려워 보이는 곳에 사네요."

"맞아. 미생물은 바닷속 열수구처럼 동물이나 식물이 살기 힘든 극단적인 환경에서도 살아가고 있단다."

"극단적인 환경이요?"

"온천물처럼 뜨거운 곳이나 극지방처럼 몹시 추운 곳에도 미생물이 살아. 심지어 공기가 없는 우주 정거장 바깥에서 살아남은 미생물도 있단다."

"우아! 미생물은 살아남기의 달인이네요!"

"대단하지? 또 미생물은 북극과 남극의 빙하는 물론이고, 소금이 많이 녹아 있어서 매우 짠 물속에도 살아. 이렇게 극단적인 환경에 사는 미생물 중에는 지금까지 알아본 미생물과 전혀 다른 종류가 있다는 거 아니?"

"어떤 종류인데요?"

"바로 고균이야. 이런 극단적인 환경은 오래전 생물이 많이 살기 이전의 지구 환경과 비슷해. 그래서 옛 고(古) 자

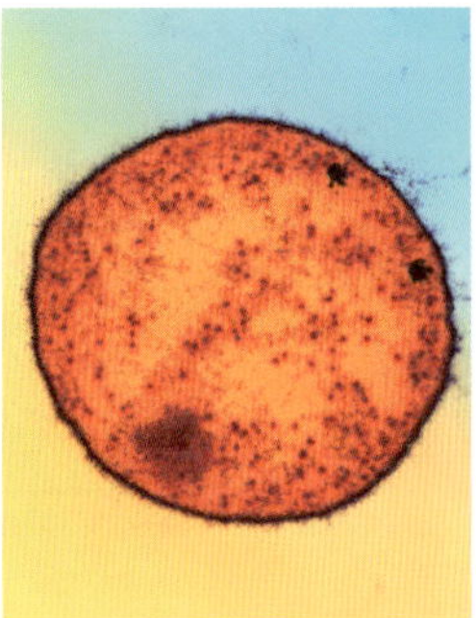

▲ 남극에서 발견된 고균

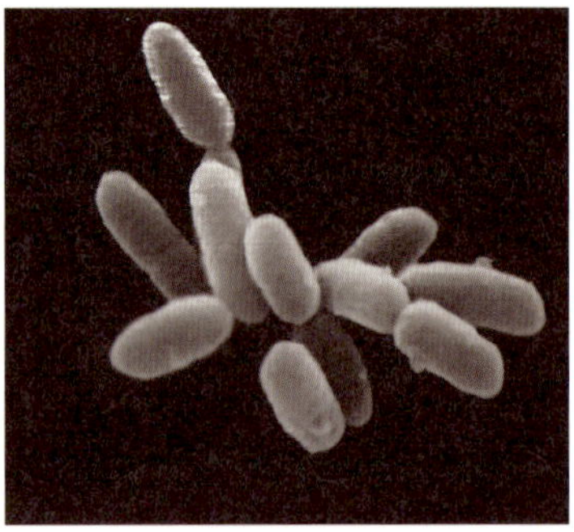

▲ 매우 짠 물에서 발견된 고균

를 써서 고균이라고 불러."

"어, 균으로 끝나니까 세균의 한 종류 아닌가요?"

"과학자들도 처음에는 그렇게 생각했어. 하지만 연구해 보니 고균은 세균과 생김새만 비슷할 뿐, 전혀 달랐지. 몸을 이루는 물질도 다르고, 세포 안에서 생명 활동이 일어나는 방식도 달랐어. 그래서 고균은 완전히 다른 종류의 미생물로 나뉘게 됐단다."

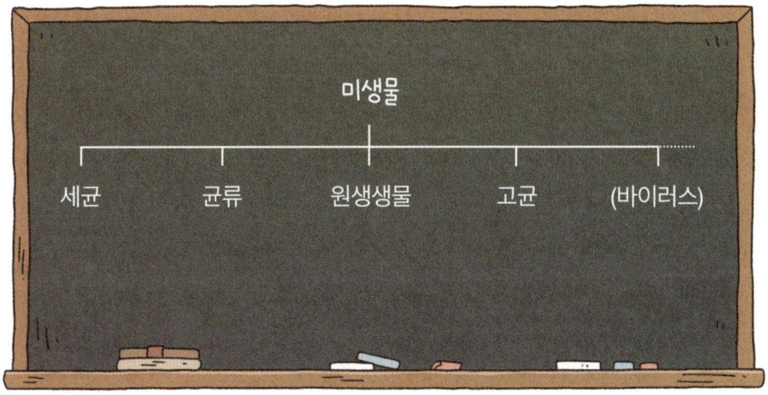

"어쨌든 미생물은 없는 곳이 없네요."

"지구의 그 어떤 곳이라도 미생물이 살고 있다는 사실! 잘 알겠지? 그럼 오늘 수업은 여기까지!"

핵심정리

동물이나 식물이 살기 힘든 극단적인 환경에도 미생물이 살아. 이런 환경에서 살아가는 고균이라는 또 다른 종류의 미생물이 발견되었어.

나선애의 정리노트

1. 땅에 사는 미생물

① 흙 1g 속에 수백만~수십억 개가 있음.

② 미생물의 예

- ⓐ [　　　　]: 콩 식물 뿌리에 붙어서 식물에게 암모니아를 만들어 주고 양분을 얻음.
- 데술포루디스: 황에 ⓑ [　　　　]을 일으켜 에너지를 만듦.

2. 바다에 사는 미생물

① 바닷물 1g 속에 100만 개 이상 있음.

② 미생물의 예

- ⓒ [　　　　]: 광합성을 해서 양분을 만들고, 지구 전체 산소의 절반 이상을 만듦.
- 알카니보락스: 기름을 먹고 분해하여 무기 양분을 만듦.

3. 극단적인 환경에 사는 미생물

① 열수구, 뜨거운 온천물, 극지방의 빙하, 매우 짠 바닷물 등 동식물이 살기 어려운 환경에서도 살고 있음.

② 미생물의 예

- ⓓ [　　　　]: 세균과 생김새는 비슷하지만, 생명 활동이 일어나는 방식은 전혀 다른 미생물

ⓐ 뿌리혹박테리아 ⓑ 화학 반응 ⓒ 남세균 ⓓ 고균

과학퀴즈 달인을 찾아라!

●정답은 119쪽에

01

친구들이 이번 시간에 배운 내용에 대해 이야기하고 있어. 옳으면 O, 옳지 않으면 X를 표시해 줘.

① 매우 깊은 땅속에 사는 미생물은 무기 양분을 먹고 살아. (　　)

② 남세균은 양분도 만들고, 산소도 만들어. (　　)

③ 남극처럼 아주 추운 곳에는 미생물이 살지 않아. (　　)

02

장하다가 땅굴을 통과하여 뿌리혹박테리아를 찾아가려고 해. 땅굴에 적힌 문장 중 뿌리혹박테리아에 대한 설명이 아닌 곳을 지나면 땅굴이 무너질 수도 있대. 장하다가 무사히 땅굴을 통과하도록 도와줘!

4교시 | 우리 몸의 미생물

발에서 냄새가 나는 까닭은?

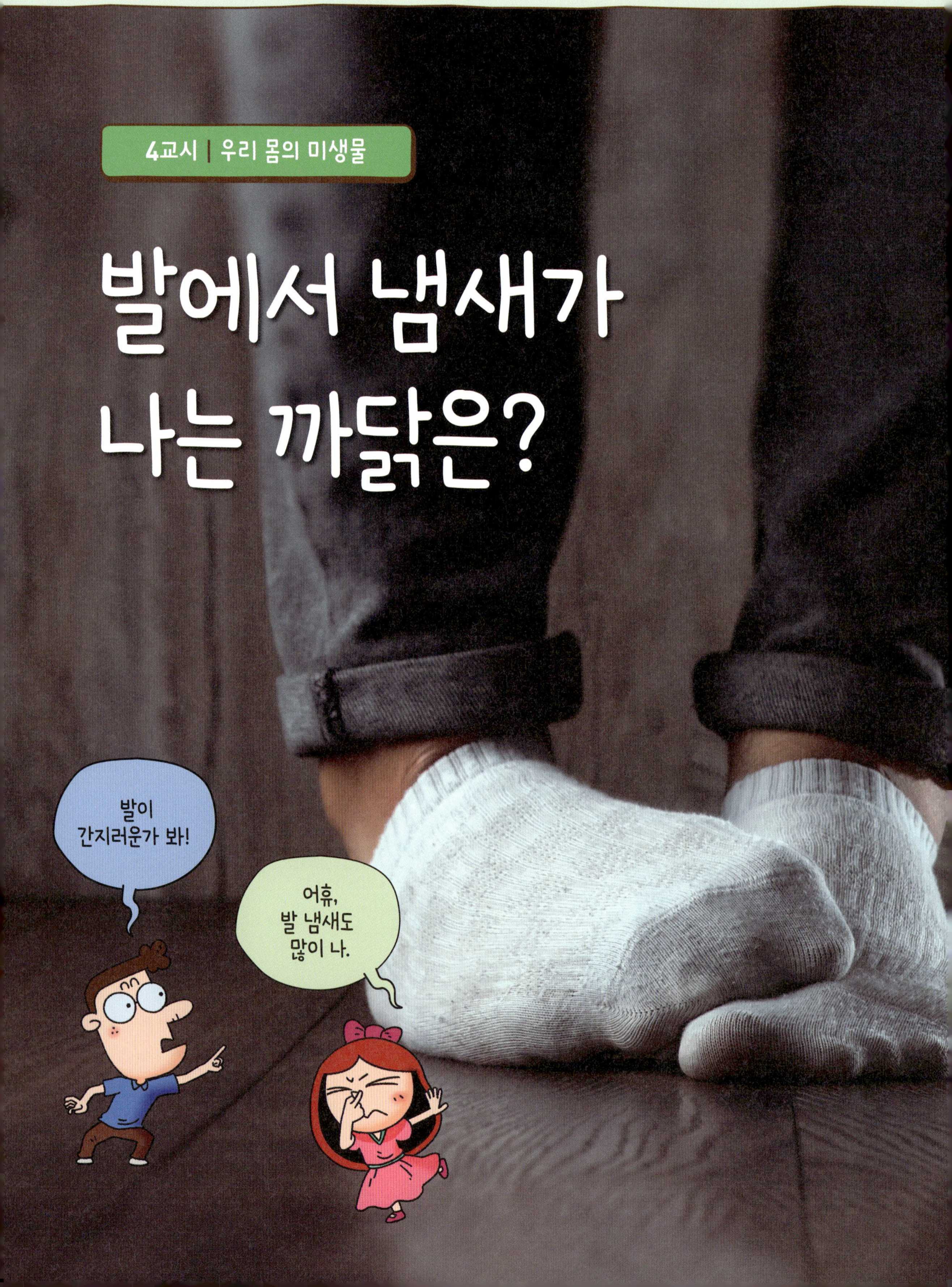

발이 간지러운가 봐!
어휴, 발 냄새도 많이 나.

교과연계

초 5-1 다양한 생물과 우리 생활
중 1 생물의 다양성

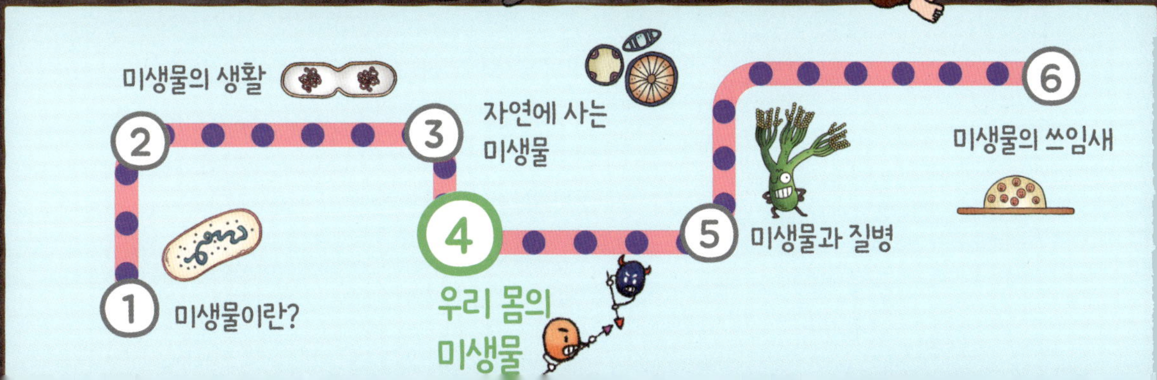

운동장에서 과학실로 뛰어들어온 장하다가 축구화와 양말을 벗어 던졌다.

"웩! 이게 도대체 무슨 냄새야?"

"하다 형 발 냄새 같은데?"

아이들이 코를 쥐며 투덜거리자 장하다가 머리를 긁적였다.

"냄새 많이 나? 축구하느라 땀을 많이 흘렸거든."

"발 좀 씻고 다녀! 어떻게 이런 냄새가 나냐?"

"발에 사는 미생물 때문이지."

용선생의 말에 허영심이 눈을 크게 뜨며 물었다.

"발에 사는 미생물 때문에 냄새가 난다고요?"

"그래. 어떤 미생물인지 함께 알아볼까?"

"좋아요. 더럽지만 왠지 궁금해요."

발 냄새를 내는 미생물을 찾아라!

"지난 시간에 우리 몸에도 미생물이 살고 있다고 했지? 우리 몸을 둘러싸고 있는 피부에는 미생물이 살고 있단다. 물론 발을 둘러싼 피부에도 살지."

"제 발에선 냄새가 안 나니까 미생물이 없겠죠?"

"하하! 어떤 미생물이 얼마나 살고 있는지 사람마다 조금씩 다를 뿐 피부에는 수많은 미생물이 살고 있어."

"헉, 미생물이 피부 어디에 사는데요?"

"발을 비롯해 겨드랑이, 배꼽처럼 주름지거나 접히는 부분에 많이 살아. 이런 곳은 따뜻하고 습해서 미생물이 살기 아주 좋거든. 특히 '포도상구균'이라는 세균은 우리 피부 어디에나 있고, 그 수도 가장 많단다."

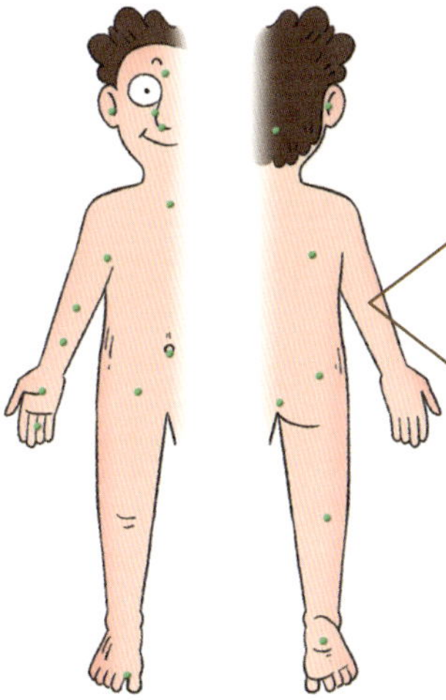

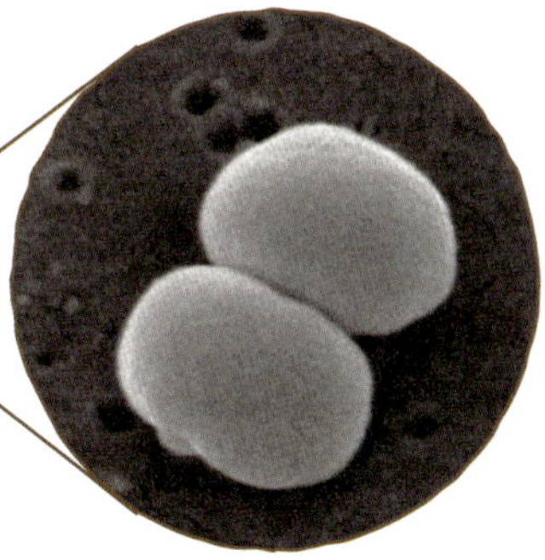

◀ **현미경으로 관찰한 포도상구균** 동그란 세균이 포도알처럼 모여 자란다고 해서 포도상구균이라 이름을 붙였어.

▲ **피부 중 미생물이 많이 사는 곳** 발, 겨드랑이, 배꼽 등 따뜻하고 습한 부분에 미생물이 무리 지어 살고 있어.

왕수재가 팔을 쓰다듬으며 물었다.

"제 피부는 깨끗한데, 미생물은 뭘 먹고 살아요?"

용선생은 화면에 사진을 띄우며 말했다.

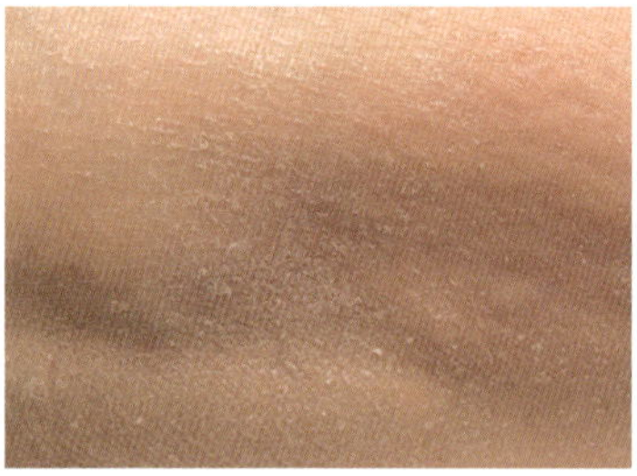

▲ 피부 각질

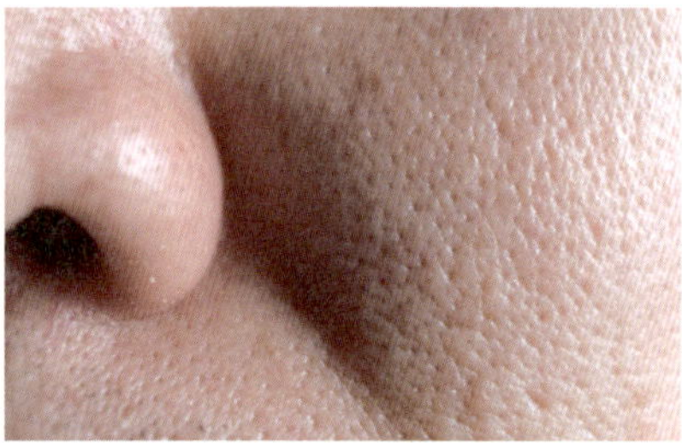

▲ 피지와 땀이 나오는 피부 구멍

"피부에 하얗게 일어난 게 보이니? 이건 피부 겉 부분을 싸고 있는 각질로, 미생물의 먹이가 돼. 또 피부에 있는 구멍에서는 피지와 땀이 나오는데, 그 속에 있는 양분도 미생물의 먹이가 된단다."

"윽, 그런 걸 먹고 살다니……. 그러면 장하다 발에는 먹이가 많아서 미생물이 많이 사나요?"

"맞아. 하다는 축구를 자주 해서 발에 땀이 많이 나고 각질이 생기기 쉬워. 게다가 발은 양말과 신발에 싸여 있어서 따뜻하고, 외부로부터 보호도 받으니까 미생물이 자라기 좋아. 발에 사는 세균들이 땀이나 각질을 먹고 남긴 물질이 발 냄새를 일으켜."

"흠, 세균이 먹고 남긴 물질에서 냄새가 나는군요."

"발 말고도 머리나 겨드랑이에서 냄새가 나기도 하잖아요. 그것도 다 미생물 때문인가요?"

"응. 우리 몸에서 나는 냄새는 대부분 미생물 때문이야. 피부에 사는 미생물 수가 많아지면 냄새가 심해져. 게다가 씻지 않은 손으로 음식을 먹으면 미생물이 음식과 함께 몸속으로 들어올 수도 있지. 피부에 사는 미생물 중에는 몸속에 들어가서 병을 일으키는 것도 있으니, 규칙적으로 몸을 씻어서 미생물 수가 많아지지 않게 해야 해."

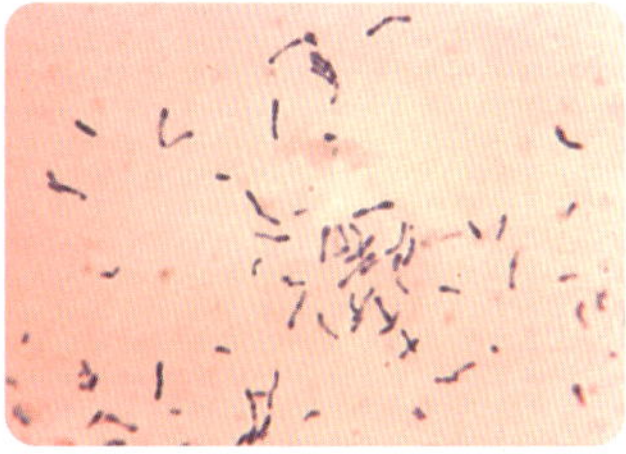

▲ **코리네박테리움** 발 냄새를 일으키는 세균 중 하나야. 각질을 먹고 냄새나는 물질을 만들어.

나선애가 노트 필기를 멈추며 물었다.

"선생님, 비누칠도 하고 물로 깨끗이 씻으면 미생물이 모두 사라지나요?"

"꼭 그렇진 않아. 예를 들면 포도상구균은 몸 밖으로 끈적한 물질을 내보내 피부 표면에 붙어. 이 끈적한 물질끼리 서로 연결되면 마치 보호막 같은 형태가 되지. 피부와 보호막 사이에 있는 포도상구균은 물로 씻어도 잘 떨어지지 않아."

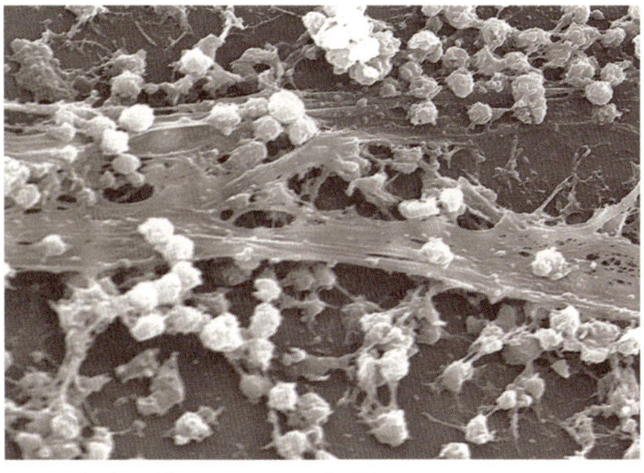

▲ 보호막에 붙어 있는 포도상구균

장하다가 몸서리를 치며 말했다.

"힝, 집에 가서 때를 빡빡 밀어서 각질이

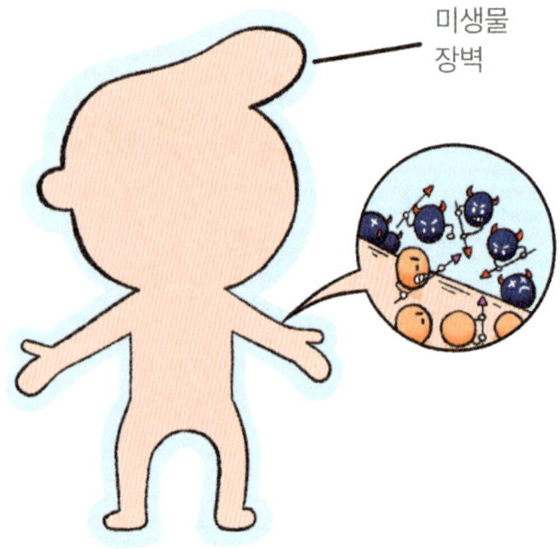

▲ 피부에 사는 미생물은 외부의 해로운 미생물을 막아 줘.

랑 미생물까지 다 없애 버릴 거야!"

"하다야, 그렇게까지 할 필요는 없어. 피부에서 살아가는 미생물들 덕분에 병을 일으키는 외부의 해로운 미생물이 피부에 자리 잡고 살지 못하거든."

"아하, 때를 심하게 밀면 피부에 원래 살던 미생물까지 떨어져 나가겠군요?"

"그래. 평소에 비누로 깨끗이 씻고 물기 없게 잘 말리는 정도로도 네 발 냄새를 줄일 수 있단다."

"휴, 그렇다면 다행이네요."

핵심정리

피부에는 각질, 피지, 땀을 먹이로 삼는 미생물들이 살고 있어. 이 미생물들은 냄새나는 물질을 만들기도 하지만 외부의 해로운 미생물이 피부에 살지 못하게 막기도 해.

입속에 사는 미생물은?

곽두기가 손을 들고 말했다.

"선생님, 저번에 치과에 갔더니 세균 때문에 충치가 생겼대요. 입안에도 세균 같은 미생물이 사는 거죠?"

"그럼! 입안은 피부보다 습하고 따뜻한 데다가 우리가 먹는 음식물 때문에 먹이도 풍부해. 미생물이 살기에 딱 좋겠지?"

"그러면 피부보다 입안에 미생물이 더 많이 살겠네요?"

"맞아. 입안에서도 주로 침이나 치석에 살지. 침과 치석에는 1,000~2,000가지 종류의 미생물이 살고 있어. 침 1g에는 수억 개, 같은 양의 치석에는 수백억 개 이상의 미생물이 있지."

장하다가 입을 쩝쩝거리며 말했다.

"으으, 정말 많이도 사네요!"

"입속에 사는 미생물 중에서 가장 유명한 세균은 '뮤탄스균'이야. 뮤탄스균은 충치를 일으키는 세균이지."

"헉, 뮤탄스균이 어떻게 충치를 일으키는데요?"

용선생은 화면을 바꿨다.

곽두기의 낱말 사전

치석 음식물 찌꺼기나 미생물, 입속 세포 조각 등이 침과 함께 치아 틈에 쌓이고 엉겨 붙어서 굳은 물질이야.

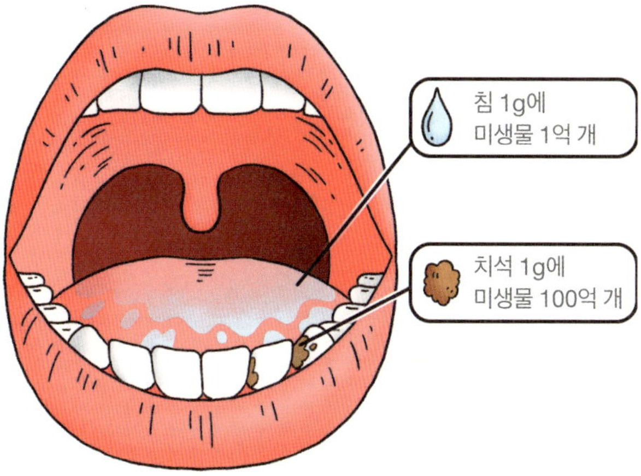

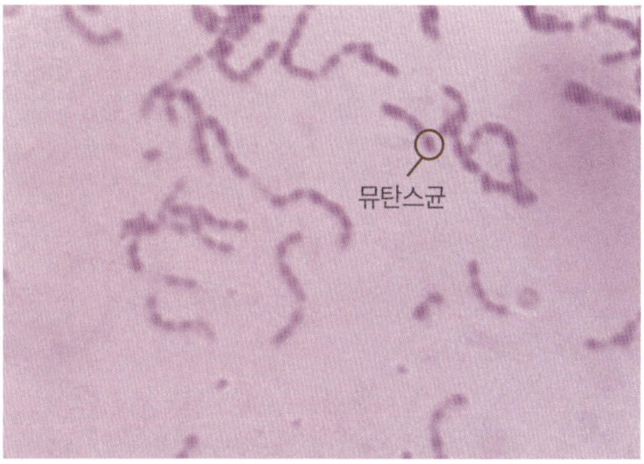

▲ 길쭉한 모양의 뮤탄스균은 줄지어 늘어서 자라.

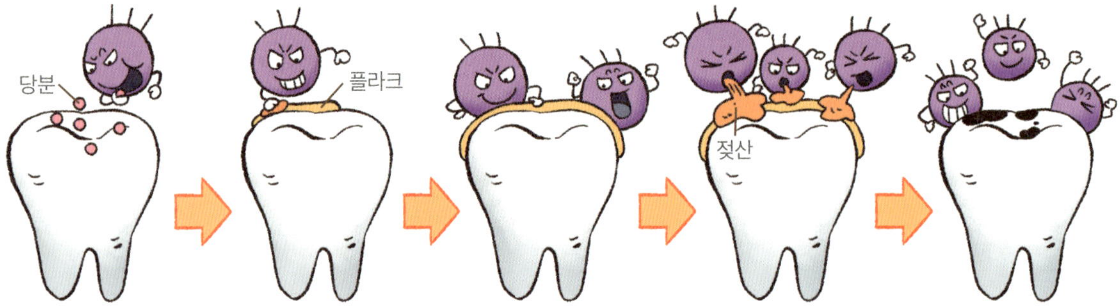

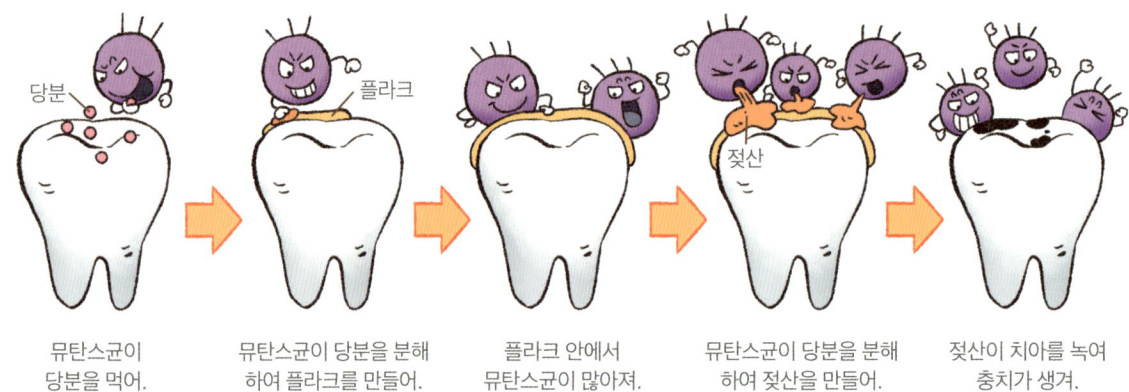

▲ 뮤탄스균이 충치를 일으키는 과정

"뮤탄스균은 과자나 사탕 같은 음식에 있는 당분을 먹고 분해해. 그리고 보호막을 만들어 치아에 달라붙는데, 이 보호막을 '플라크'라고 해. 플라크 속에서 뮤탄스균은 당분을 분해하여 젖산을 내보내는데, 이 젖산이 치아를 녹게 한단다. 이렇게 녹아서 상한 치아가 바로 충치야."

나선애가 고개를 끄덕이며 말했다.

"아, 그래서 단 거 먹으면 충치 생긴다고 엄마가 잔소리하시는 거군요."

"맞아! 하지만 입속에 뮤탄스균처럼 해로운 세균만 있는 건 아니야. '살리바리우스'라고 하는 세균은 우리 몸에 해로운 외부 미생물이 입속에 자리 잡지 않도록 막아 주고, 뮤탄스균처럼 해로운 입속 세균과 경쟁하며 살아가지."

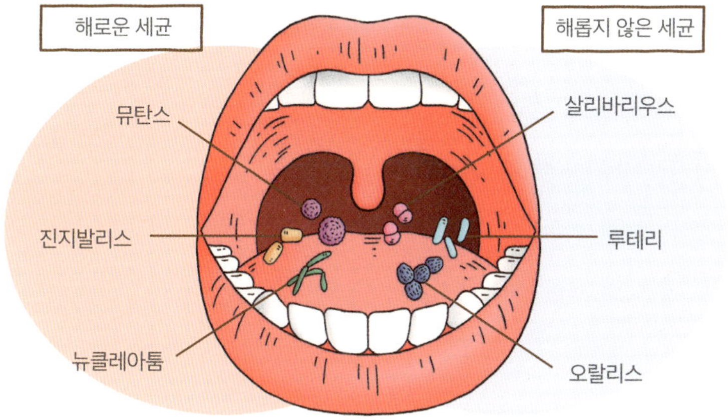

"오, 입속에도 해롭지 않은 미생물이 살고 있어서 정말 다행이에요!"

핵심정리

입에는 피부보다 많은 종류의 미생물이 살고 있어. 충치를 일으키는 세균도 있고, 외부 미생물을 막아 주는 세균도 있지.

우리 몸에서 미생물이 가장 많은 곳은?

용선생은 손뼉을 짝 치고 말을 이었다.

"자! 그런데 말이야. 우리 몸에는 피부나 입속보다도 어마어마하게 많은 미생물이 사는 곳이 있다는 사실!"

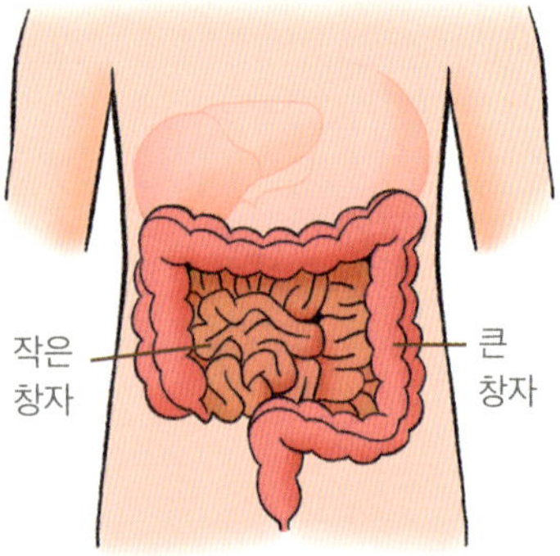

▲ **창자의 위치**

"그게 어디인데요?"

"바로 몸속에 있는 창자야. 창자는 몸속 깊은 곳에 있어서 아주 습하고 따뜻해. 그래서 미생물이 살기 좋아. 또 음식물이 들어오는 입안에 미생물의 먹이가 풍부하다고 했지만, 창자와 비교하면 별거 아니란다."

"어째서요?"

"입에 막 들어온 음식물은 크기가 커서 미생물들이 바로 먹기 어려워. 그래서 입에 사는 미생물은 크기가 작은 당분을 주로 먹지. 반면 위와 창자를 거쳐 소화된 음식물은 미생물이 바로 먹을 수 있을 만큼 작아져. 그래서 창자에 미생물이 가장 많단다."

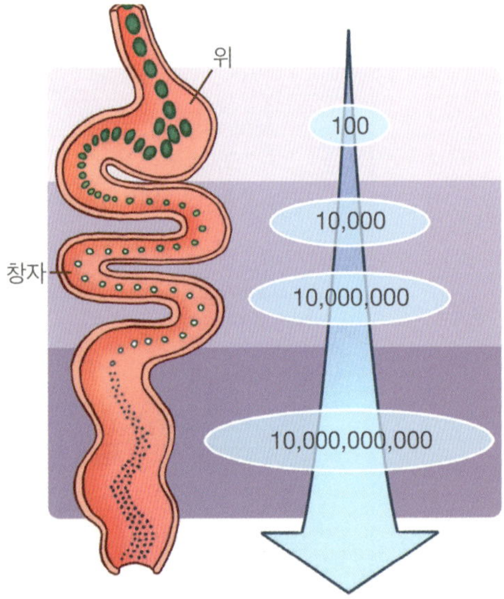

▲ **위와 창자에 사는 미생물의 수** 음식물이 소화되어 크기가 작아질수록 미생물의 수가 많아져. 동그라미 안 숫자는 액체 한 방울 속 미생물의 수야.

"오호, 미생물이 얼마나 많이 사는데요?"

"종류만 해도 4,000가지가 넘고, 그 수는 10조~100조 개에 달해. 이게 얼마나 많은 거냐면, 우리 몸무게에서 1~3kg(킬로그램) 정도가 바로 창자에 사는 미생물의 무게야!"

아이들은 입을 쩍 벌리고 눈만 깜빡였다.

"하하, 정말 많지? 이렇게 창자에 사는 미생물을 통틀어서 '장내 미생물'이라고 불러."

"흠, 이해가 안 가요. 어째서 그렇게 많은 미생

물을 창자 속에 넣고 살아야 하죠? 걔들이 없으면 몸이 가벼워질 텐데 말이죠."

허영심이 인상을 잔뜩 찌푸리며 말했다.

"하하하, 장내 미생물은 꼭 필요해! 우리 몸에서 아주 중요한 일을 하거든."

"어떤 일을 하는데요?"

"큰창자에 많이 사는 대장균을 예로 들어 볼게. 대장균은 음식물이 소화되어 분해된 먹이도 먹지만, 사람의 몸속에서 분해하지 못하는 식물의 섬유소를 먹고 분해할 수 있어."

"오호, 그래서요?"

"이 과정에서 대장균은 비타민 K(케이)라는 물질을 만들어. 비타민 K는 상처에 난 피가 저절로 멎는 데 필요한 물질이란다."

"이야! 대장균이 사람 대신 음식 찌꺼기를 분해하고, 비타민 K 같은 쓸모 있는 물질도 만드네요."

"응. 그런데 장내 미생물이라고 모두 사람에게 이로운 물질을 만드는 건 아니야. '클로스트리디움'이라는 세균은 독성 물질을 만드는데, 이 물질 때문에 큰창자의 세포가 파괴되기도 해."

"그렇게 해로운 세균이 몸속에 산다고요?"

나선애의 과학 사전

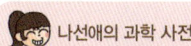

섬유소 사람의 몸속에서 분해되지 않는, 실처럼 생긴 물질이야. 식이 섬유라고도 불러. 섬유소 중 일부는 몸속 대장균이 분해하고, 나머지는 똥이 되어 몸 밖으로 나가.

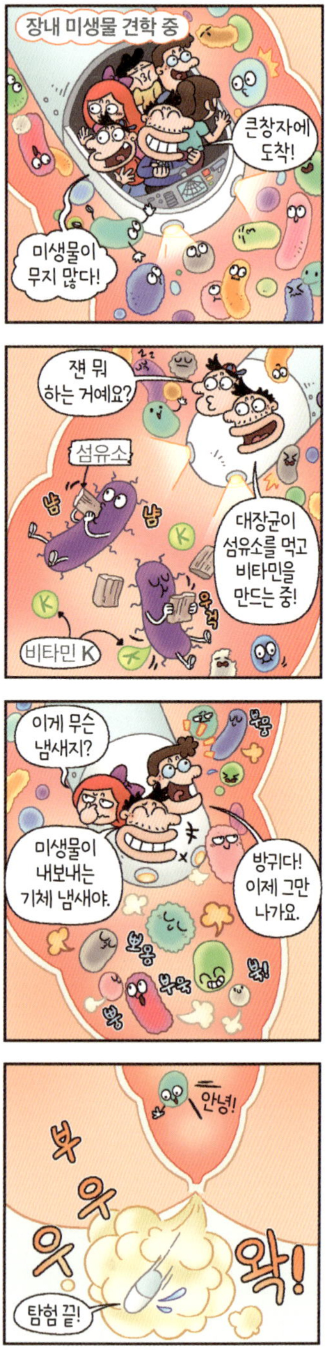

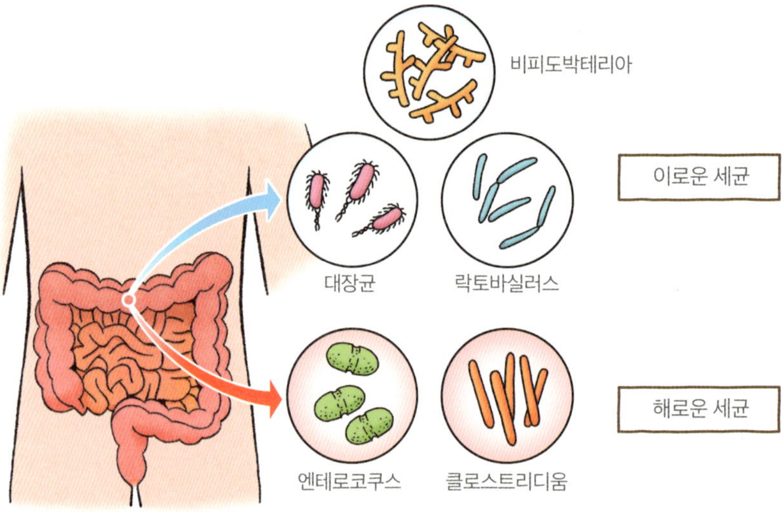

"그래. 하지만 건강한 사람의 몸속에는 이로운 세균이 훨씬 많아서 이렇게 해로운 세균이 자리 잡고 살기 힘들단다. 그래서 해로운 세균이 별로 많지 않아."

"어휴, 다행이다."

"이로운 세균이랑 해로운 세균이 창자에서 자리다툼을 하는 셈이네요?"

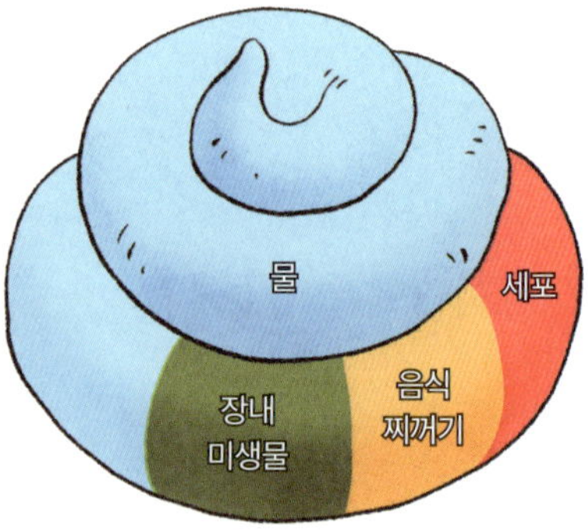

▲ 똥에서 물을 뺀 부분의 $\frac{1}{3}$ 이상이 장내 미생물이야.

"맞아. 장내 미생물들은 서로 경쟁하면서 살아가고 있어. 또 일부 미생물은 물과 음식 찌꺼기에 휩쓸려 똥으로 빠져나가."

장하다가 손을 들고 물었다.

"아까 몸에서 나는 냄새가 대부분 미생물 때문이라고 하셨잖아요. 혹시 방귀 냄새도 미생물 때문인가요?"

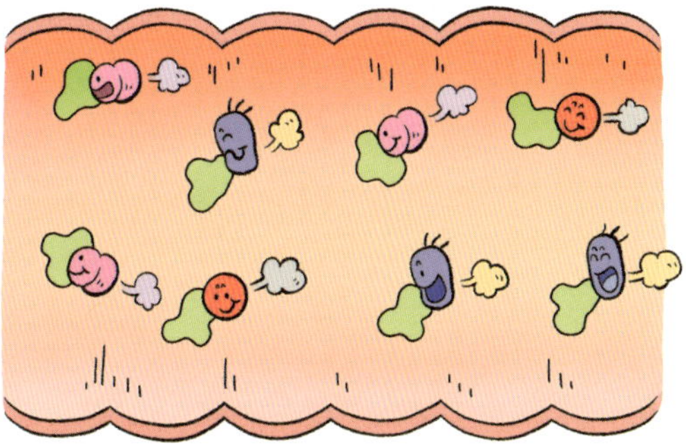

▲ 장내 미생물마다 만드는 기체의 종류가 달라.

"그래. 장내 미생물이 먹이를 먹고 분해할 때 여러 종류의 기체도 만들어. 똥이 몸 밖으로 나갈 때 이 기체들도 같이 나가는데, 이게 바로 방귀야."

"오호, 그렇군요."

"사실 방귀를 이루는 기체 대부분은 냄새가 없지만, 일부 기체가 지독한 냄새를 풍겨. 이 기체들 때문에 방귀에서 참기 힘든 냄새가 나는 거란다."

"너희들 잘 들었지? 나한테서 나는 냄새는 다 미생물 탓이야!"

장하다가 뿡 하고 방귀를 뀌자 아이들이 코를 막고 과학실을 뛰쳐나갔다.

용선생의 과학 현미경

방귀 기체는 대부분 질소, 이산화 탄소, 산소, 수소, 메테인이야. 이들은 냄새가 없어. 냄새를 풍기는 기체는 암모니아, 황화 수소, 인돌, 스카톨 같은 기체들로, 전체 기체의 $\frac{1}{100}$도 되지 않아.

핵심정리

창자에 사는 미생물을 통틀어 장내 미생물이라고 해. 사람에게 이로운 물질을 만드는 미생물과 해로운 물질을 만드는 미생물이 창자에서 서로 경쟁하며 살고 있어.

나선애의 정리노트

1. 피부에 사는 미생물

① 발, 겨드랑이, 배꼽 등 따뜻하고 습한 곳에 많이 있음.

② ⓐ ______, 피지, 땀속 양분을 먹고 냄새 나는 물질을 만듦.

③ 외부의 해로운 미생물이 피부에 살지 못하게 막아 줌.

예 ⓑ ______: 피부에 가장 많은 세균으로, 끈적한 물질을 내보내 보호막을 만들어 피부 표면에 붙음.

2. 입속에 사는 미생물

① 주로 침이나 ⓒ ______에 있음.

② 입속에 사는 미생물끼리 또는 외부 미생물과 경쟁하며 살아감.

예 뮤탄스균: 당분을 먹고 ⓓ ______을 만들어 치아를 녹임.

3. 장내 미생물

① 창자에 사는 미생물을 통틀어 부르는 말

② 창자는 작게 소화된 음식물이 풍부하여 미생물 수가 가장 많음.

③ 사람이 분해하지 못하는 물질을 분해하고, 사람의 생명 활동에 꼭 필요한 물질을 만듦.

예 대장균: ⓔ ______를 분해하고 비타민 K를 만듦.

④ 장내 미생물끼리 경쟁하며 살아감.

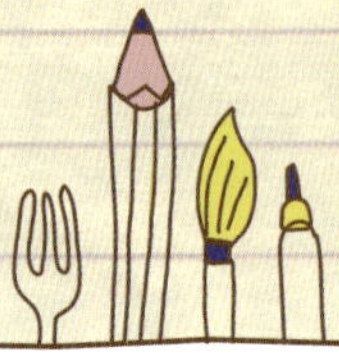

ⓐ 각질 ⓑ 표피포도상구균 ⓒ 치석 ⓓ 젖산 ⓔ 섬유소

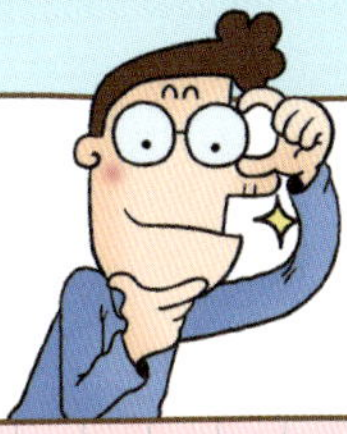

과학퀴즈 달인을 찾아라!

●정답은 119쪽에

01

친구들이 이번 시간에 배운 내용에 대해 이야기하고 있어. 옳으면 O, 옳지 않으면 X를 표시해 줘.

① 냄새가 나지 않는 발에는 미생물이 살지 않아. (　　)

② 몸무게에서 1~3kg은 장내 미생물의 무게야. (　　)

③ 방귀 냄새도 장내 미생물 때문에 생겨. (　　)

02

다음은 뮤탄스균이 충치를 만드는 과정을 그린 카드야. 카드를 순서대로 연결하면 어떤 모양이 나온대. 무슨 모양인지 그려봐.

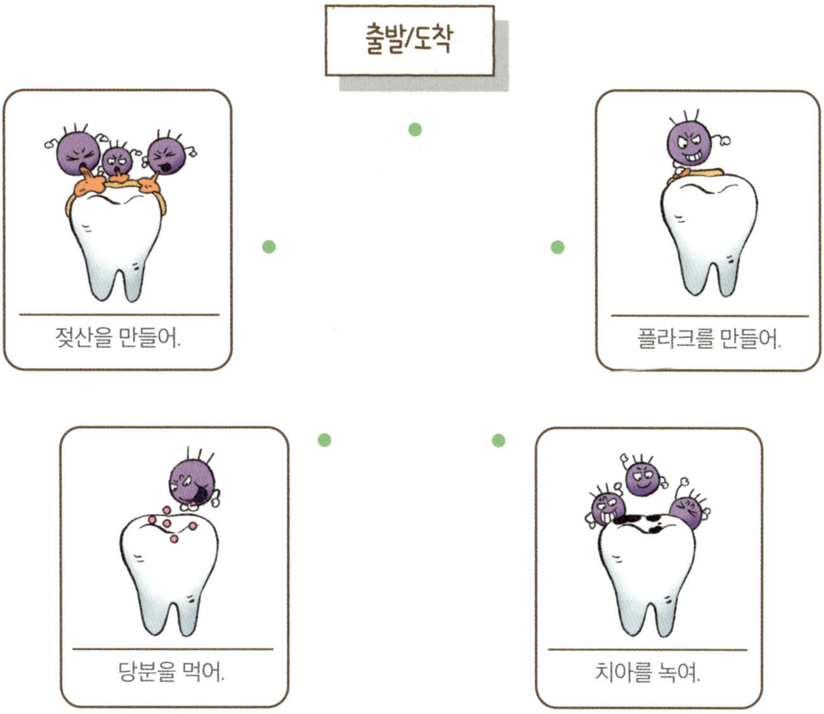

출발/도착
젖산을 만들어.
플라크를 만들어.
당분을 먹어.
치아를 녹여.

용선생의 과학 카페

과학계의 핵인싸,
용선생의 과학 카페에
오신 걸 환영합니다.

Log in

MENU

- 물리면 아프다
- 화학이 화하하
- 생물 오징어
- 지구는 둥글다

장내 미생물이 우리 건강을 좌우한다고?

장내 미생물은 사람이 먹은 음식을 함께 먹는 거나 마찬가지야. 그래서 채소와 과일을 많이 먹는 사람의 창자에는 채소와 과일을 분해하는 미생물이 많고, 고기를 많이 먹는 사람의 창자에는 고기를 분해하는 미생물이 많단다. 이렇게 식사 습관에 따라 사람마다 장내 미생물의 종류와 수가 달라. 이에 따라 장내 미생물이 만드는 물질의 종류나 양도 달라서 사람의 생명 활동에도 영향을 끼치지.

▲ **식사 습관과 장내 미생물의 관계** 사람마다 먹는 음식이 달라서 장내 미생물의 구성이 달라지고, 장내 미생물이 만드는 물질의 종류와 양도 달라져.

과학자들이 연구한 결과, 장내 미생물은 질병과도 관련이 있어. 비만이나 아토피처럼 흔히 볼 수 있는 질병, 우울증이나 치매 같은 뇌와 관련된 질병, 심지어 암처럼 심각한 질병까지 말이야!

장하다의 오답을 피하는 방법
나선애의 야무진 실험실
왕수재의 아는 척 과학교실
허영심의 별 헤는 밤
곽두기의 빅뱅 따라잡기

믿어지지 않는다고? 쥐를 이용한 연구 결과를 함께 보자. 사람뿐 아니라 자연에서 사는 동물은 모두 장내 미생물이 있어. 과학자들은 장내 미생물을 연구하기 위해 장내 미생물이 없는 특수한 쥐를 길렀어. 이 쥐를 '무균 쥐'라고 하지. 과학자들은 무균 쥐의 장에 정상 쥐와 뚱뚱한 쥐의 똥에서 얻은 장내 미생물을 각각 옮겨 넣었어. 그러자 정상 쥐의 장내 미생물을 넣은 무균 쥐는 그대로였지만, 뚱뚱한 쥐의 장내 미생물을 넣은 무균 쥐는 뚱뚱해졌어. 뚱뚱한 쥐의 장내 미생물 때문에 무균 쥐가 뚱뚱해진 거야!

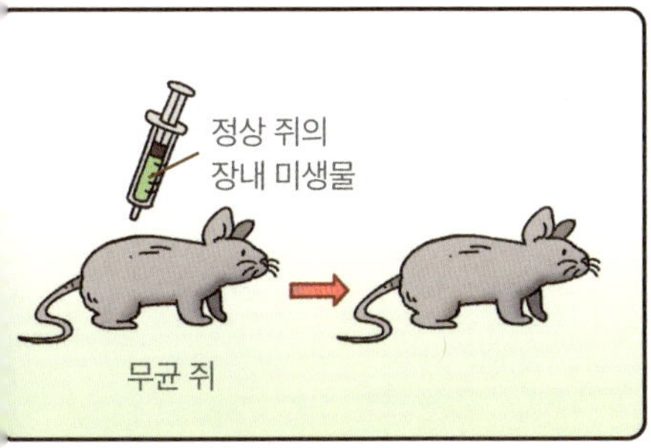

▲ 정상 쥐의 장내 미생물을 넣은 무균 쥐는 그대로야.

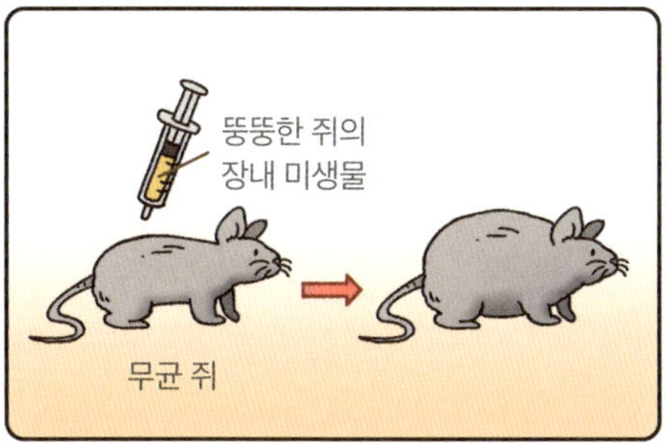

▲ 뚱뚱한 쥐의 장내 미생물을 넣은 무균 쥐는 뚱뚱해졌어.

최근에는 장내 미생물의 구성을 바꿔 질병을 치료하려는 시도를 하고 있단다. 그중에는 건강한 사람의 똥에 있는 장내 미생물을 이용하는 방법도 있어. 건강한 사람의 똥에서 장내 미생물만 깨끗하게 걸러 낸 다음 아픈 사람의 창자에 직접 넣거나 알약으로 만들어 먹는 거지. 정말 놀랍지 않니?

COMMENTS

내 똥도 약이 될까?

ㄴ 웩! 더럽게 무슨 소리야?

ㄴ 하다는 건강하니까 언젠가 그럴지도 몰라!

ㄴ 윽! 전 그 약 안 먹을래요!

5교시 | 미생물과 질병

병을 고치는 곰팡이의 비밀은?

교과연계

초 5-1 다양한 생물과 우리 생활
중 1 생물의 다양성

"영심아, 지난주에 많이 아팠다며? 몸은 좀 괜찮아?"

장하다가 허영심에게 물었다.

"응, 이제 괜찮아. 열이 나고 귀가 아파서 병원에 갔었어. 주사도 맞았다니까."

"으으, 주사 맞는 건 생각하기도 싫다. 근데 귀는 왜 아팠던 건데?"

"무슨 세균 때문이랬는데……. 몰라, 기억 안 나."

그러자 용선생이 다가와 말했다.

"영심이가 병이 난 것도, 병이 나은 것도 다 미생물 때문이라는 거 아니?"

"네? 미생물이 병을 일으키기도 하고, 낫게도 해요?"

"그렇단다. 오늘 함께 알아볼까?"

"좋아요. 어서 알려 주세요!"

귀를 아프게 한 미생물의 정체는?

“먼저 미생물이 병을 일으키는 경우를 살펴보자. 미생물은 우리 주변 어디에나 있다고 했지?”

“네. 땅, 물, 공기뿐 아니라 우리 몸에도 있다고요.”

“맞아. 그 미생물 중 어느 하나가 입이나 코, 또는 피부에 난 상처를 통해 우연히 몸속으로 들어와서 수가 늘어나면 병이 나지. 지금까지 밝혀진 세균 중엔 병을 일으킨 원인을 찾다가 발견한 세균이 많아.”

“아, 그래서 세균은 나쁘다는 생각이 먼저 드나 봐요.”

“그럴 수 있지. 세균이 일으키는 가장 흔한 병은 식중독이야. 달걀 껍데기에 있는 ‘살모넬라균’, 조개껍데기에 있는

곽두기의 낱말 사전

식중독 먹을 식(食) 병들 중(中) 독 독(毒). 미생물 등에 오염된 음식을 먹고 생기는 병을 말해.

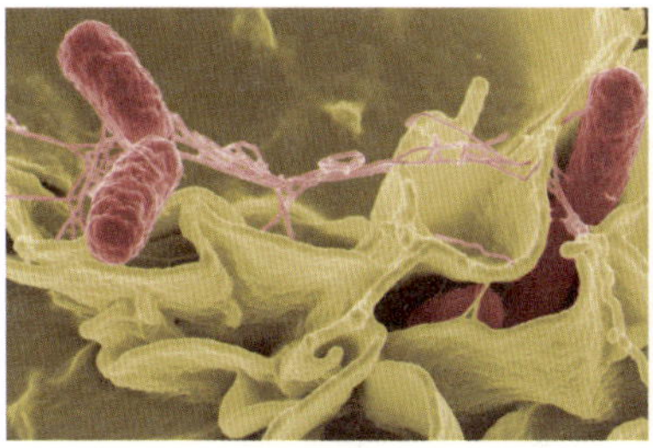

살모넬라균

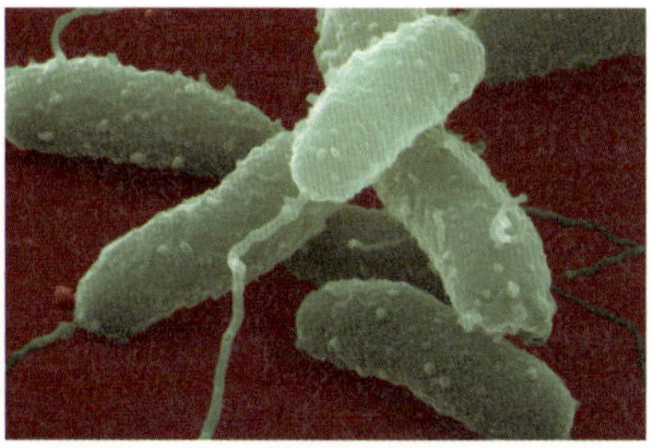

비브리오균

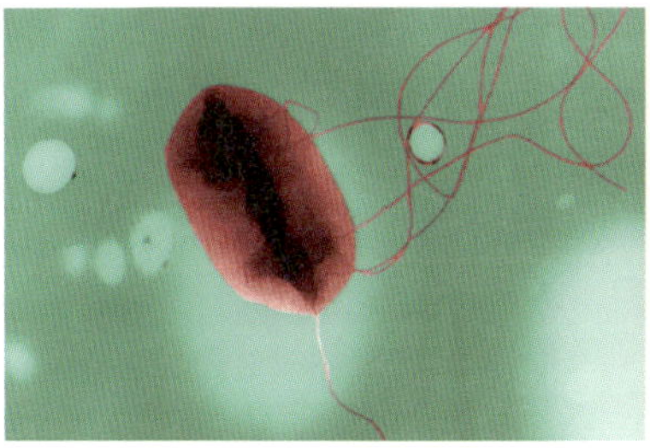

병원성 대장균

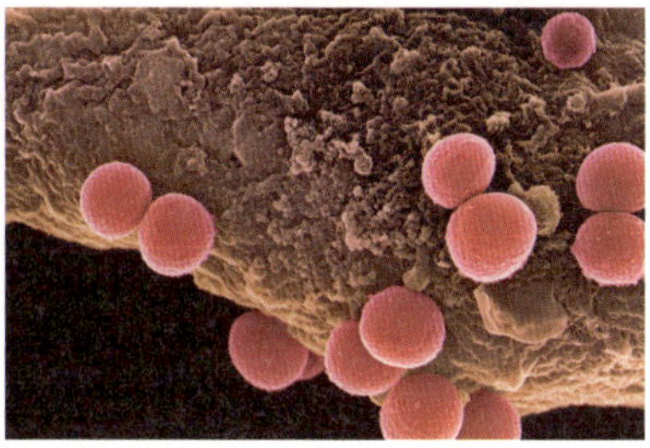

황색 포도상구균

◀ 식중독을 일으키는 세균들

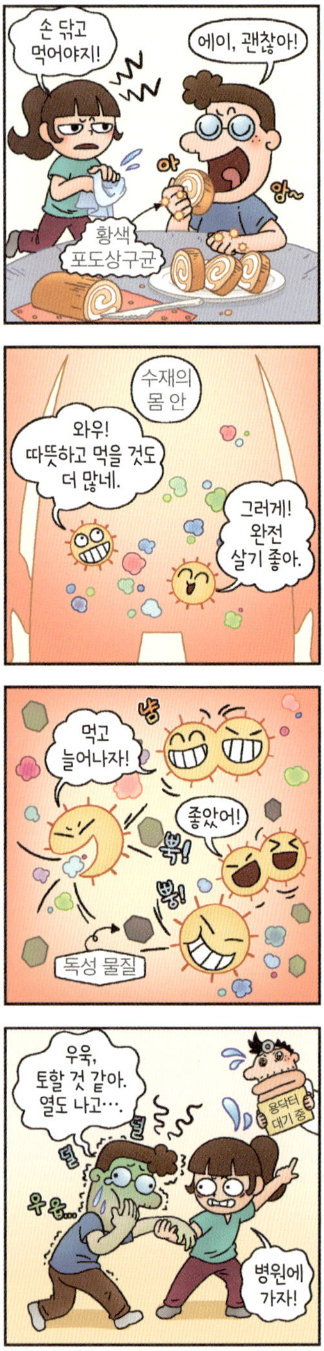

'비브리오균', 상추에 있는 병원성 대장균을 비롯해 피부에 있는 황색 포도상구균 같은 세균이 식중독을 일으켜."

"세균이 어떻게 식중독을 일으키는데요?"

"세균이 만들어 내는 독성 물질이 우리 몸의 생명 활동을 방해해. 그러면 우리 몸은 독성 물질을 밖으로 내보내고, 몸을 원래 상태로 되돌리려 애쓰지. 이 과정에서 토하거나 설사를 하고 열도 나. 아주 심각한 경우엔 죽을 수도 있단다."

허영심이 어깨를 움츠리며 말했다.

"식중독이 그렇게 무서운 병인 줄 몰랐어요."

"세균이 일으키는 병 중에는 식중독보다 훨씬 심각한 질병도 많아. 몸속에서 수가 늘어난 세균이 한 사람에게서 다른 사람에게로 옮겨져서 여러 사람에게 질병을 일으키기도 하거든. 1300년대 유럽에서는 '페스트균'이 일으키는 흑사병 때문에 수천만 명이 목숨을 잃었단다."

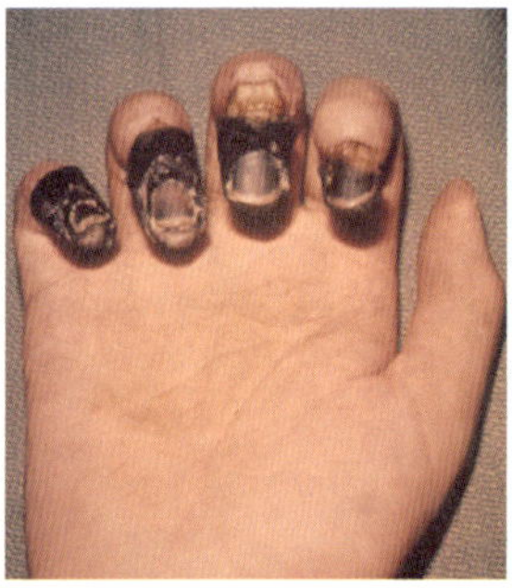

세포가 죽어 피부가 검게 변해서 흑사병이라고 불러.

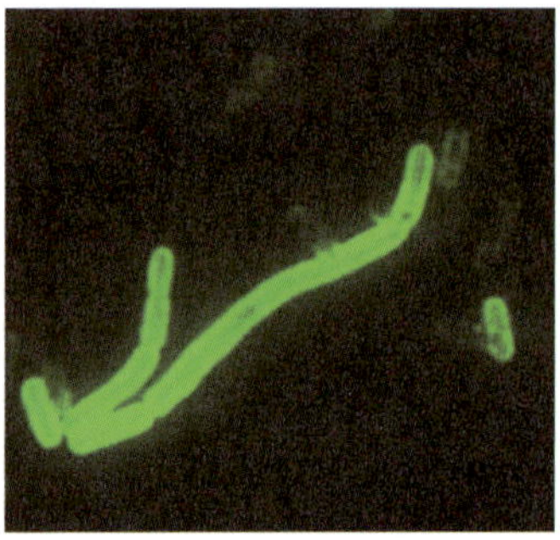

현미경으로 관찰한 페스트균

◀ 흑사병을 일으키는 페스트균

"정말 끔찍하네요!"

"영심이 귀가 아팠던 것도 세균 때문이랬지? 귀는 코와 연결되어 있는데, 코로 들어온 폐렴구균 같은 세균이 귀 안쪽의 중이에 매우 빠르게 불어나면서 병이 생길 때가 많단다."

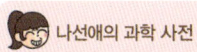

> **나선애의 과학 사전**
>
> **중이** 가운데 중(中) 귀 이(耳). 귀에서 고막 안쪽 빈 공간을 말해. 중이에 세균이 불어나서 생기는 병을 중이염이라고 하지.

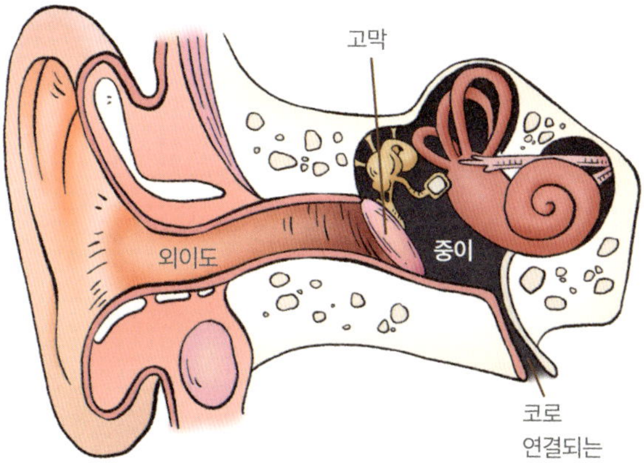

▲ 귀의 구조

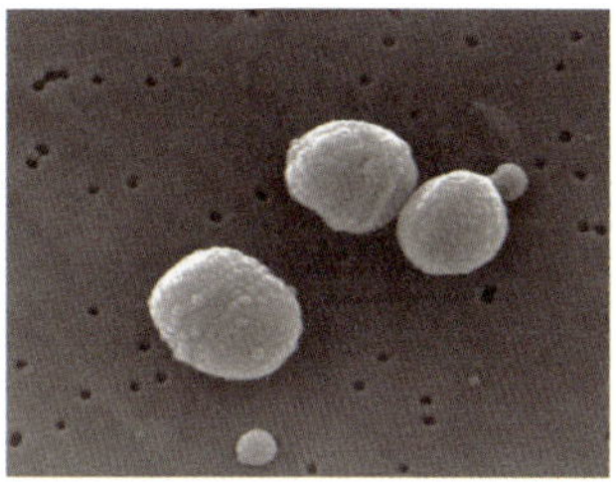

▲ 귀에 병을 일으키는 폐렴구균

핵심정리

세균이 만들어 내는 독성 물질 때문에 식중독, 흑사병 같은 질병에 걸려.

세균만 병을 일으킬까?

"어휴, 병에 걸리지 않으려면 세균을 조심해야겠어요!"

"세균뿐 아니라 균류나 바이러스도 조심해야 해. 우선 균류, 즉 곰팡이 때문에 생기는 병을 알아볼까? 사람 열 명 중 일곱 명은 피부사상균이라는 균류 때문에 사는 동안 한 번은 병에 걸린단다."

"그게 어떤 병인데요?"

"바로 버짐이나 무좀이야. 피부사상균은 이름에서도 알 수 있듯이 피부나 손톱, 발톱에 살면서 각질 같은 걸 먹고 자라. 원래 피부는 우리 몸을 둘러싸고 보호하는 역할을 하는데, 피부사상균이 사는 부분은 그런 일을 못 하지."

용선생의 과학 현미경

피부는 몸을 보호하는 것 외에 체온을 조절하여 유지해 주고, 외부에서 주어지는 자극을 느끼기도 해.

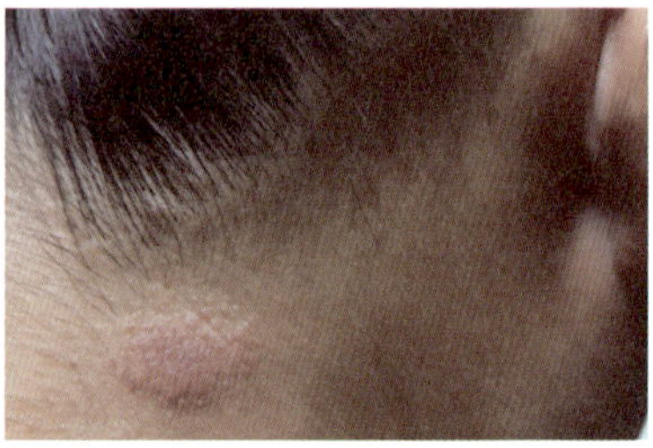

버짐

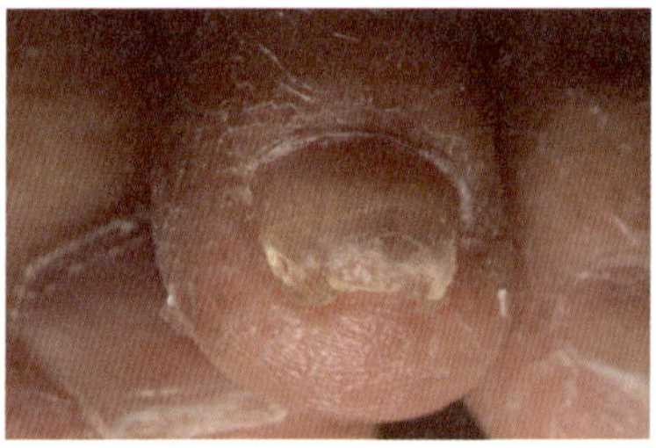

무좀

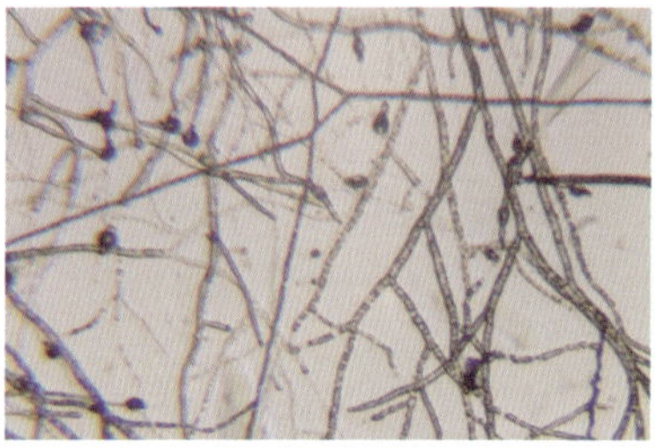

현미경으로 관찰한 피부사상균

▲ 버짐이나 무좀을 일으키는 피부사상균

왕수재가 고개를 끄덕이며 말했다.

"그러고 보니 저희 아빠도 무좀에 걸리신 적 있어요. 정말 흔한 병이군요."

"그래. 흔한 병이라고 하면 또 감기를 빼놓을 수 없겠지? 감기는 바이러스 때문에 걸린단다."

곽두기가 눈을 커다랗게 떴다.

“감기는 추운 날씨 때문에 걸리는 줄 알았는데, 바이러스 때문이라고요?”

“하하, 그래.”

“바이러스가 어떻게 감기를 일으켜요?”

“그건 바이러스가 어떻게 살아가는지를 이해하면 알 수 있어. 그림을 함께 볼까?”

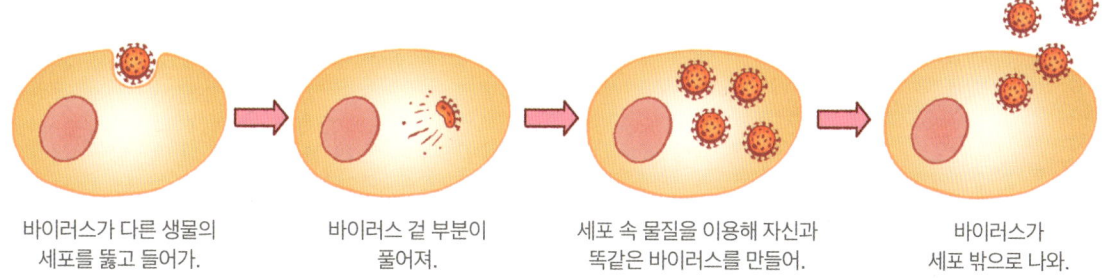

용선생은 화면을 띄웠다.

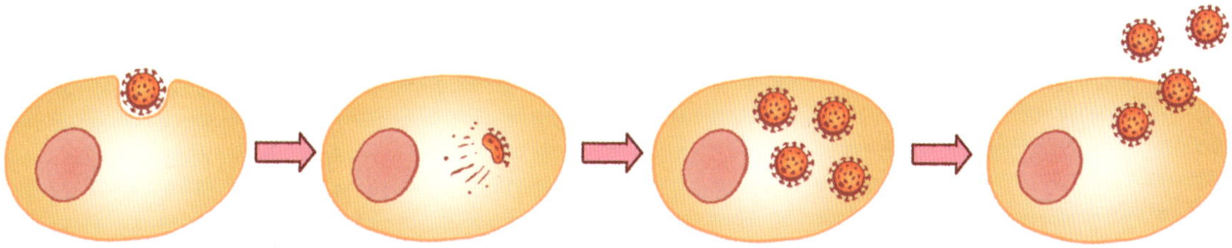

바이러스가 다른 생물의 세포를 뚫고 들어가.
바이러스 겉 부분이 풀어져.
세포 속 물질을 이용해 자신과 똑같은 바이러스를 만들어.
바이러스가 세포 밖으로 나와.

▲ 바이러스가 살아가는 과정

“지난 시간에 바이러스는 다른 생물의 몸 안에 들어가야만 생명 활동을 할 수 있다고 했지? 바이러스는 우리 몸의 세포 속으로 들어와서 수를 크게 늘린 다음, 세포 밖으로 빠져나와서 또 다른 세포로 들어가. 이때 바이러스가 들어온 세포는 정상적인 기능을 못 하게 되고, 바이러스가 나가는 과정에서 세포가 망가질 수도 있어.”

"헉, 세포가 망가진다고요?"

"응. 하지만 우리 몸이 무작정 당하는 건 아니니까 걱정하지 마. 몸속에서 바이러스가 활동하면, 우리 몸은 바이러스를 없애기 위해 반응해. 그 과정에서 열이 나고 기침과 콧물이 나오지. 바로 감기에 걸린 거란다."

나선애가 손을 들고 물었다.

"선생님, 독감도 바이러스 때문에 걸린다던데요. 감기랑 독감은 뭐가 달라요?"

"감기를 일으키는 바이러스와 독감을 일으키는 바이러스는 서로 종류가 달라. 바이러스도 세균처럼 종류가 매우 다양한데, 독감 바이러스는 감기 바이러스보다 훨씬 심각한 반응을 일으켜. 그래서 열이 많이 나고 온몸이 아파 와. 이렇게 몸이 약해진 틈을 타 몸속에 숨어 있던 세균이 불

▲ 감기 바이러스

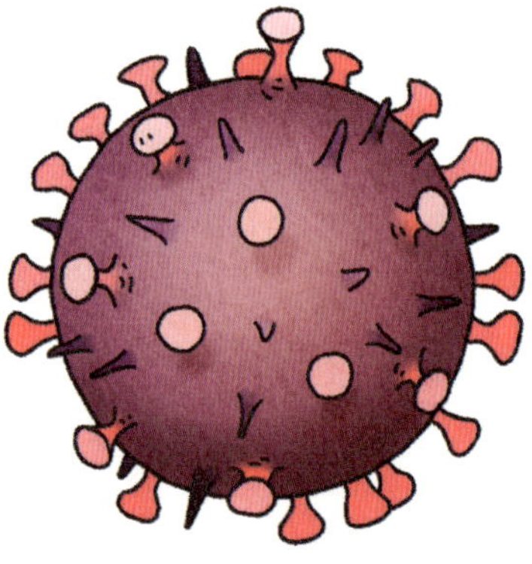

▲ 독감 바이러스

어나서 다른 질병에 걸리기도 하지."

"어휴, 병을 일으키는 미생물이 정말 많네요!"

핵심정리

피부에 사는 균류는 버짐이나 무좀 같은 병을 일으켜. 감기와 독감은 서로 다른 바이러스에 의해 생기는 병이야.

병을 고치는 미생물은?

"하지만 병을 고치는 데 이용되는 미생물도 있단다."

"오, 정말요? 어떤 미생물인데요?"

"1928년 플레밍이라는 과학자가 발견한 '페니실리움'이라는 곰팡이야. 보통 푸른곰팡이라 부르지. 플레밍은 세균 연구를 위해 배양 접시에 포도상구균을 키웠어. 그런데 휴가를 다녀온 다음 날, 깜빡 잊고 내버려 둔 배양 접시에 곰팡이가 자란 걸 봤지."

"곰팡이는 아무 데서나 잘 자라잖아요. 곰팡이가 자란 게 뭐 어때서요?"

"놀라운 사실은 곰팡이 주변에 있는 포도상구균이 죽어

▲ 알렉산더 플레밍 (1881년~1955년)
영국의 의사이자 생물학자야. 페니실리움 연구로 노벨 생리의학상을 탔어.

나선애의 과학 사전

배양 동물 또는 식물 개체나 식물의 일부분, 미생물 따위를 원래 사는 곳이 아닌 인공적인 환경에서 키우는 것을 뜻해.

있었다는 거야. 곰팡이가 포도상구균을 죽인 거지."

"미생물이 다른 미생물을 죽인 거예요?"

"맞아! 그 곰팡이가 바로 페니실리움이야. 페니실리움은 다른 미생물을 없애고 자리를 차지하기 위해 주변에 독성 물질을 내보내. 이 물질이 세균을 죽게 하지. 플레밍은 이 물질을 '페니실린'이라고 이름 지었어."

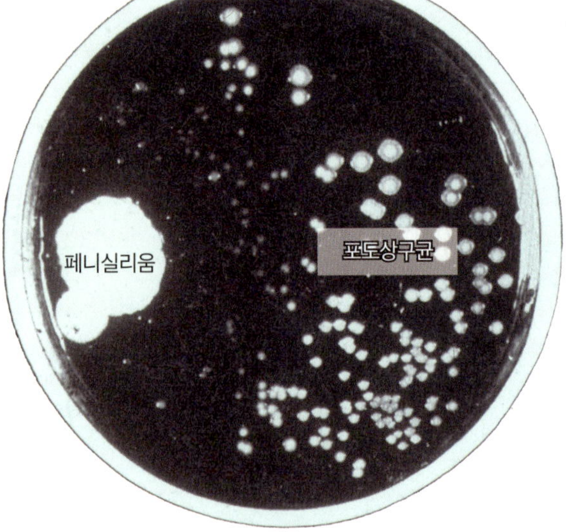

▲ **플레밍의 포도상구균 배양 접시**
페니실리움 근처에는 포도상구균이 적어진 걸 볼 수 있어.

장하다가 책상을 탕 치며 말했다.

"그러면 세균 때문에 병에 걸렸을 때 그 페니실리움이라는 곰팡이를 먹어서 세균을 죽이나요?"

"그건 안 돼. 페니실리움이 만드는 물질 중에는 사람에게 해로운 것도 있거든. 페니실리움이 내보내는 페니실린만 따로 분리해서 약으로 쓰지."

"흠, 그러면 되겠군요."

"이렇게 미생물이 만들어 낸 물질 중에서 다른 미생물이 살아남거나 자라는 걸 막는 물질을 '항생 물질'이라고 해. 항생 물질은 미생물에게서 얻기도 하고 실험실에서 직접 만들기도 해. 항생 물질로 만든 약이 바로 항생제란다. 세균 때문에 생긴 질병을 항생제로 치료하지."

용선생이 화면에 띄운 사진을 보며 허영심이 물었다.

"지난주에 제가 맞은 주사도 항생제겠네요?"

"그렇단다. 세균 때문에 질병에 걸린 사람에게 항생제를 쓰면 세균을 죽여서 병을 낫게 할 수 있지."

"이야! 곰팡이가 사람을 살렸네요!"

"하하, 그렇지. 이후 과학자들은 페니실리움 외에 다른 균류나 세균이 만드는 물질을 연구했어. 예를 들어 '방선균'이라는 세균은 여러 종류의 항생 물질을 만드는데, 이를 이용하여 세균 때문에 걸리는 여러 질병을 치료할 수 있게 되었지."

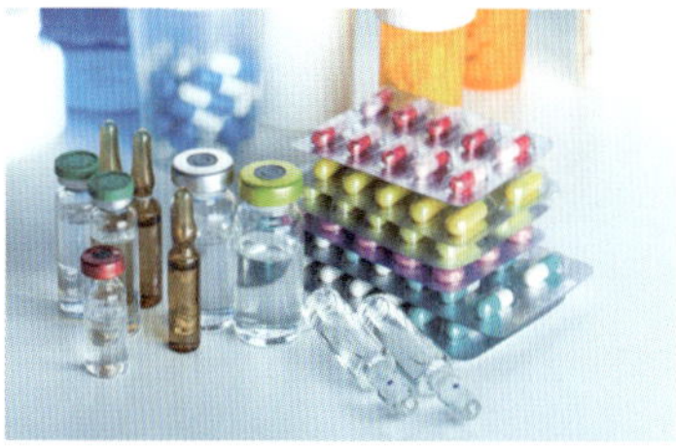

▲ **항생제** 세균 때문에 생긴 질병을 치료하는 약이야. 먹기도 하고, 주사로 맞기도 해.

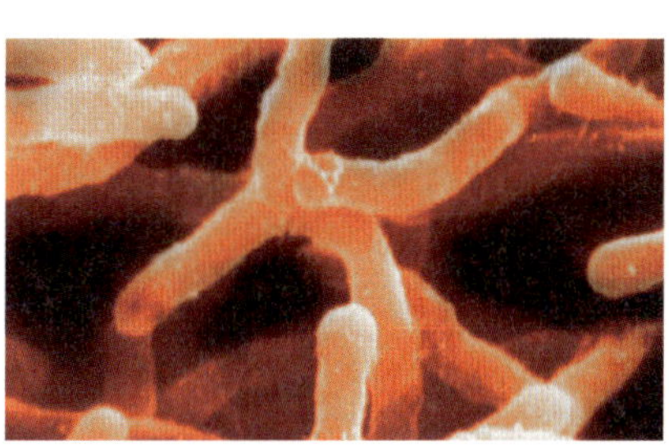

▲ **현미경으로 관찰한 방선균** 주로 흙에 사는 세균이야.

항생 물질	항생 물질이 죽이는 세균
스트렙토마이신	결핵균, 페스트균
테트라사이클린	티푸스균, 폐렴구균
카나마이신	결핵균, 대장균

▲ **방선균에서 발견된 항생 물질과 각 항생 물질이 죽이는 세균**

"그러면 균류나 바이러스가 일으키는 병도 항생제를 써서 치료할 수 있나요?"

"오호, 좋은 질문이야. 세균, 균류, 바이러스는 서로 생김새가 전혀 다르고 살아가는 모습도 다르다고 했지? 그래

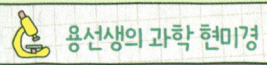

용선생의 과학 현미경

항생제를 써도 살아남는 세균이 있다고?

항생제는 많은 사람의 목숨을 살렸지만, 시간이 지나면서 심각한 문제를 일으켰어. 항생제를 써도 살아남는 세균이 나타났기 때문이지. 많은 수로 불어난 세균 중에 우연히 항생 물질에 죽지 않고 버티거나 항생 물질을 분해하는 세균이 생겼거든. 이런 세균을 '항생제 저항성 세균'이라고 해.

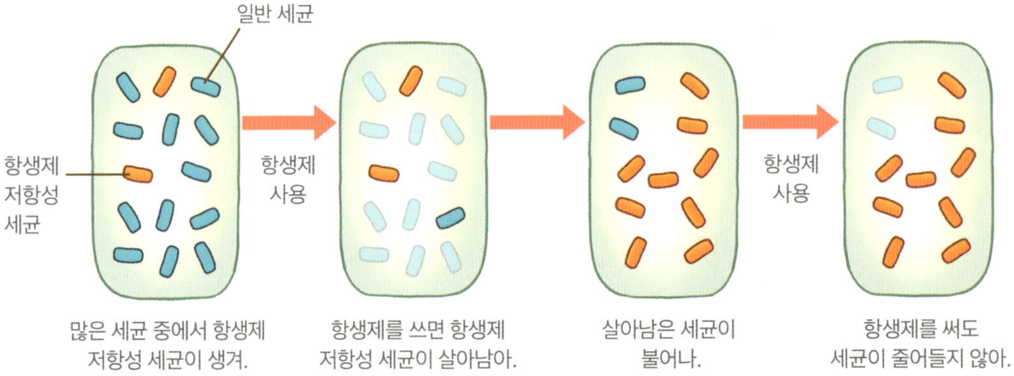

항생제 저항성 세균을 없애려면 또 다른 종류의 항생제를 써야 했어. 그러자 두 개 이상의 항생제에 대해 저항성을 가진 세균이 나타났어. 이런 세균을 흔히 '슈퍼박테리아'라고 부르지. 현재 어떤 항생제를 써도 살아남는 신종 슈퍼박테리아로 인해 전 세계에서 해마다 수십만 명이 목숨을 잃고 있어. 과학자들은 항생제 저항성을 일으키지 않는 새로운 종류의 항생제를 개발하고 있단다.

서 세균을 죽이는 항생제는 균류나 바이러스에 아무런 효과가 없어."

"그럼 어떻게 치료해요?"

"대신 균류나 바이러스에 통하는 항생 물질을 찾아서 치료제를 만들었단다. 균류에 대한 치료제는 항진균제, 바이러스에 대한 치료제는 항바이러스제라고 부르지."

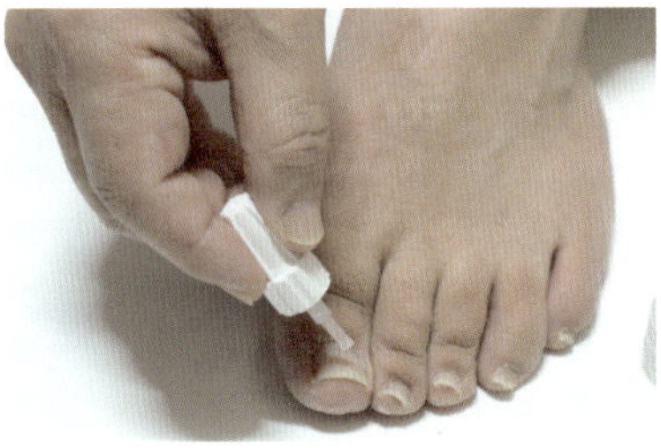

▲ **항진균제** 균류의 세포에 구멍을 내는 항생 물질을 이용해.

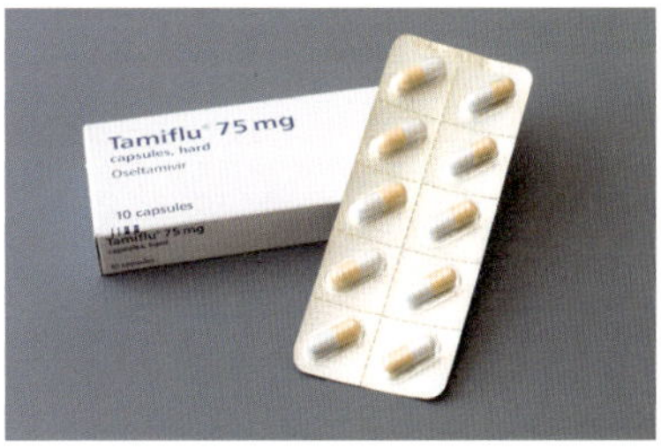

▲ **항바이러스제** 바이러스가 세포에 들어가거나, 세포에서 나가는 걸 막아.

장하다가 고개를 절레절레 흔들며 중얼거렸다.

"미생물이 병 주고 약 주고 다 하네요."

"하하하! 미생물에 딱 맞는 속담이구나. 그럼 오늘 수업은 여기까지!"

핵심정리

미생물이 만들어 낸 물질로, 다른 미생물이 살아남거나 자라는 걸 막는 물질을 항생 물질이라고 해. 항생 물질을 이용해서 미생물에 의한 질병을 치료하는 약을 만들어.

나선애의 정리노트

1. 미생물에 의한 질병

① 세균이 일으키는 질병

- ⓐ [　　　　] : 살모넬라균, 비브리오균, 병원성 대장균, 황색 포도상구균
- 흑사병: ⓑ [　　　　]

② 균류가 일으키는 질병

- 버짐이나 무좀: 피부사상균

③ 바이러스가 일으키는 질병

- 감기: 감기 바이러스
- 독감: 독감 바이러스

2. 미생물을 이용한 질병 치료

① 페니실린: 플레밍이 ⓒ [　　　　] 에서 분리한 물질로 포도상구균 같은 세균을 죽임.

② ⓓ [　　　　] : 미생물이 만들어 낸 물질로, 다른 미생물이 살아남거나 자라는 걸 막는 물질

- ⓔ [　　　　] : 세균이 일으키는 질병을 치료함.
- 항진균제: 균류가 일으키는 질병을 치료함.
- 항바이러스제: 바이러스가 일으키는 질병을 치료함.

ⓐ 식중독 ⓑ 페스트균 ⓒ 푸른곰팡이 ⓓ 항생 물질 ⓔ 항생제

과학퀴즈 달인을 찾아라!

●정답은 119쪽에

01

친구들이 이번 시간에 배운 내용에 대해 이야기하고 있어. 옳으면 O, 옳지 않으면 X를 표시해 줘.

① 세균이 만드는 독성 물질 때문에 질병에 걸려. (   )

② 감기 바이러스는 독감 바이러스보다 몸에 심각한 반응을 일으켜서 몸을 더 아프게 해. (   )

③ 흙에 사는 방선균에서 페니실린이 발견됐어. (   )

02

나선애가 병원에 가려고 해. 세균이 일으키는 질병의 이름을 따라가면 병원에 갈 수 있대. 나선애에게 올바른 길을 알려 줘!

용선생의 과학 카페 | 용선생의 한국사 카페 | 용선생의 세계사 카페

https://cafe.naver.com/yongyong

용선생의 과학 카페

과학계의 핵인싸,
용선생의 과학 카페에
오신 걸 환영합니다.

Log in

MENU

- 물리면 아프다
- 화학이 화하하
- 생물 오징어
- 지구는 둥글다

바이러스가 일으키는 무서운 질병

사람은 바이러스 때문에 병에 걸리잖아요. 다른 동물도 그런가요?

동물들도 바이러스 때문에 감기나 독감은 물론이고 다른 병에 걸린단다. 조류 독감은 새가 걸리는 독감이고, 구제역은 소나 돼지처럼 발굽이 있는 동물이 걸리는 병이야. 그리고 개가 걸리는 광견병도 바이러스 때문이지.

광견병 걸린 개에게 물리면 사람도 광견병에 걸린다던데요?

맞아. 개가 물거나 할퀼 때 생긴 상처를 통해 혈액 속으로 광견병 바이러스가 들어오면 사람도 광견병에 걸려. 열이 나고 몸의 근육이 마비되는데, 치료하지 않으면 일주일 내에 목숨을 잃게 되지.

어휴, 그렇게 무서운 병일 줄이야!

이처럼 원래 동물에게 있던 바이러스가 사람에게까지 옮아서 병을 일으키는 경우가 종종 있단다.

또 어떤 바이러스인데요?

사스나 메르스, 코로나19 같은 질병을 일으키는 바이러스야. 이 바이러스들은 원래 박쥐에 있던 바이러스이지. 박쥐는 이런 바이러스를 가지고 있어도 병에 걸리지 않아. 하지만 이 바이러스가 다른 동물이나 사람에게 옮으면 심각한 병을 일으킬 수 있어.

어떻게 박쥐 바이러스가 사람한테 옮아요?

박쥐의 똥이나 박쥐가 토한 음식물에는 바이러스가 섞여 있어. 박쥐가 날아다니다 야생 동물이나 사람이 키우는 가축에게 이런 것들을 묻히면 동물에게 바이러스가 옮아. 그러다 이 동물을 만진 사람에게까지 바이러스가 옮는 거야.

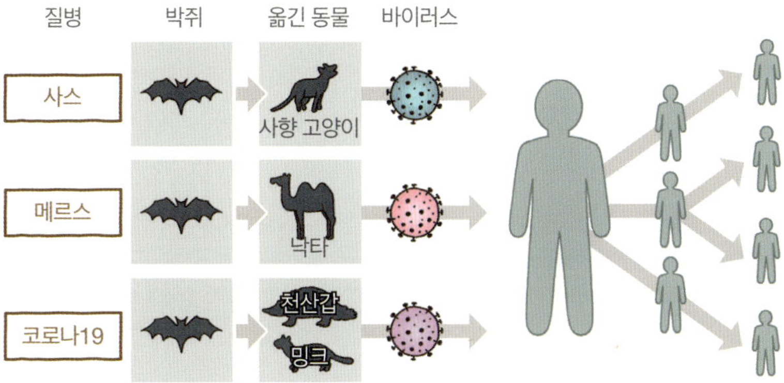

사람끼리도 바이러스를 옮기죠?

그렇지. 이런 바이러스는 혈액은 물론이고 침이나 콧물을 통해서도 옮기 때문에, 마스크를 꼭 끼고 손을 잘 닦아야 한단다.

장하다의 오답을 피하는 방법
나선애의 야무진 실험실
왕수재의 아는 척 과학교실
허영심의 별 헤는 밤
곽두기의 빅뱅 따라잡기

COMMENTS

얼마 전까지만 해도 코로나19 때문에 마스크를 매일 썼었는데…….

ㄴ 맞아. 난 마스크 쓴 채 물 마시다가 다 흘리기도 했어.

ㄴ 어휴, 정말 못 말려!

6교시 | 미생물의 쓰임새

치즈에 구멍이 생긴 까닭은?

교과연계

초 5-1 다양한 생물과 우리 생활
중 1 생물의 다양성

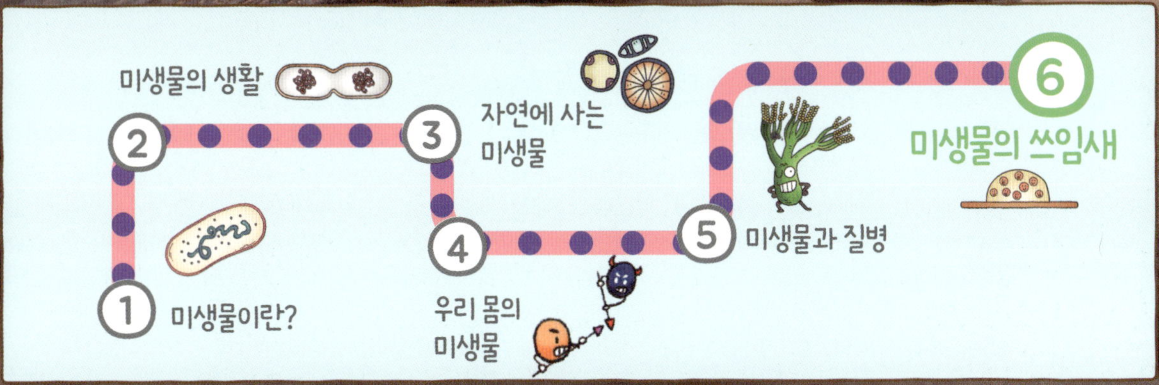

곽두기는 과학실 책상에 놓인 샌드위치를 가리키며 말했다.

"우아, 맛있겠다! 선생님 간식인가 봐."

"근데 샌드위치에 있는 치즈에 구멍이 숭숭 뚫려 있어!"

왕수재의 말에 나선애가 얼굴을 찡그리며 말했다.

"설마 쥐가 치즈를 파먹은 건 아니겠지?"

"하하, 물론 아니야. 믿기 어렵겠지만 그건 미생물 때문에 생긴 구멍이란다."

용선생이 아이들에게 다가오며 말하자 곽두기가 눈을 크게 떴다.

"눈에 보이지도 않는 미생물이 이렇게 큰 구멍을 만들었다고요?"

미생물은 요리사!

"그래! 미생물이 어떻게 치즈에 구멍을 만드는지 차근차근 알아보자. 사람들은 아주 오래전부터 미생물을 여러 가지 목적으로 써 왔어. 음식을 만들 때에도 말이지."

"그럼 치즈를 미생물로 만드나요?"

"맞아. 지난 시간에 배운 유산균을 이용한단다."

"유산균은 우유를 발효시켜 젖산을 만든다면서요?"

"잘 기억하고 있네! 젖산이 많아지면 우유를 이루고 있

① 우유에 유산균 등 미생물을 넣어.

② 유산균이 우유를 발효시켜.

③ 덩어리가 생긴 우유를 틀에 넣고 눌러 물을 빼.

④ 치즈가 만들어져.

◀ 치즈를 만드는 과정

는 단백질과 지방이 엉겨 붙어 덩어리가 돼. 이 덩어리에서 물을 뺀 것이 바로 치즈란다."

곽두기가 고개를 갸웃거리며 물었다.

"치즈에 있는 구멍은요? 미생물이 치즈에 있는 구멍을 만든다고 하셨잖아요."

▲ 에멘탈 치즈

"모든 치즈에 구멍이 있는 건 아니야. 구멍이 있는 치즈는 스위스 에멘탈 지방에서 많이 만든다고 해서 '에멘탈 치즈'라고 불려. 에멘탈 치즈는 물을 충분히 뺀 다음 말리는 과정을 거치면서 단단하게 굳어. 이때 치즈 속에서 유산균이 아닌 '프로피오니박테리움'이라는 세균이 발효를 일으켜 이산화 탄소를 내보내지."

"이산화 탄소요?"

"그렇단다. 발효로 생긴 이산화 탄소는 단단하게 굳은 치즈 때문에 밖으로 빠져나가지 못하고 치즈 곳곳에 갇혀. 그렇게 이산화 탄소가 모이면 치즈에 방울 모양의 구멍이 남아!"

◀ 발효 중인 에멘탈 치즈

“아하, 정말 세균이 구멍을 만든 셈이네요!”

“그렇지. 치즈처럼 구멍이 있는 음식이 또 있단다. 이 음식도 미생물 때문에 구멍이 생겼어.”

“어떤 음식인데요?”

용선생은 아이들에게 빵 사진을 보여줬다.

“빵에도 이렇게 구멍이 송송 나 있단다.”

▲ 빵에 난 구멍

“어, 이것도 세균이 만든 건가요?”

“아니. 이건 세균이 아니라 균류인 효모가 만든 거야. 지난 시간에 배운 효모 기억나니?”

“효모가 어른들이 마시는 술을 만든다고 하셨어요.”

“그래. 효모가 발효를 일으키면 알코올과 함께 이산화 탄소도 생겨. 빵을 만들 때 효모를 넣으면, 이산화 탄소가 반죽을 빠져나가지 못하고 반죽 안에 갇혀서 수많은 구멍이 생기지. 그리고 풍선을 분 것처럼 반죽이 부풀어.”

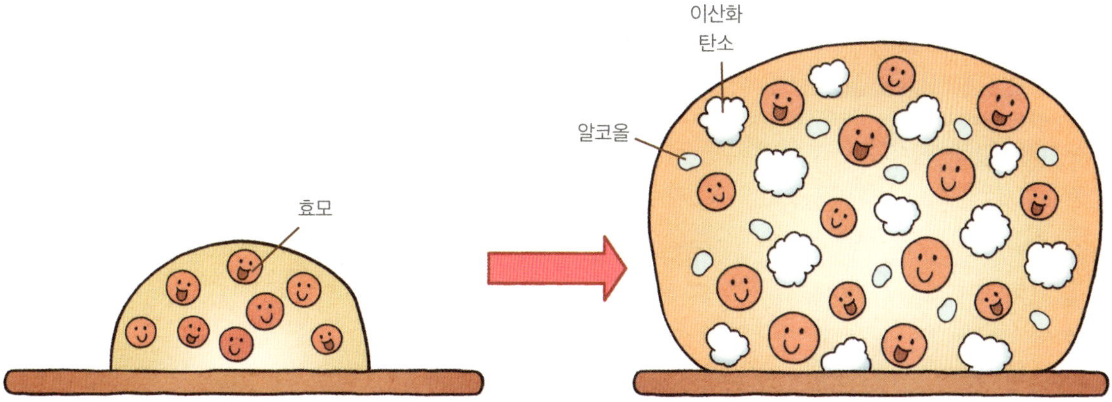

▲ 효모가 발효를 일으키면 이산화 탄소가 생겨서 빵 반죽이 부풀어.

"헉! 설마 알코올이 빵에 계속 남아 있나요? 그럼 빵을 먹을 때 술을 먹는 거나 다름 없잖아요?"

"하하, 걱정 마. 반죽에 생긴 알코올은 반죽을 구울 때 공기 중으로 날아가."

"오, 다행이에요!"

▲ 빵 만들 때 쓰는 효모

▲ 빵 반죽에 생긴 구멍

장하다는 안심한 표정으로 말했다.

"효모는 별걸 다 만드네요!"

"맞아. 효모는 쓸모가 많은 미생물이라고 할 수 있지! 효모의 쓰임새는 이게 다가 아니야."

"또 어디에 쓰이는데요?"

핵심정리

유산균 같은 세균이 발효를 일으켜 치즈가 만들어지고, 효모가 발효를 일으켜 알코올이 만들어져. 발효할 때 생기는 이산화 탄소 때문에 치즈와 빵에 구멍이 생겨.

우리나라 전통 속 미생물을 찾아서

"우리 조상들은 옛날부터 음식을 만들 때 효모를 이용했어. 바로 된장과 간장 같은 장도 그렇지."

"기억나요. 된장과 간장이 발효 식품이라고 하셨어요."

"응. 여기에는 효모 외에도 다른 미생물들이 더 필요해. 그중에는 균류인 누룩곰팡이와 세균인 고초균이 있지."

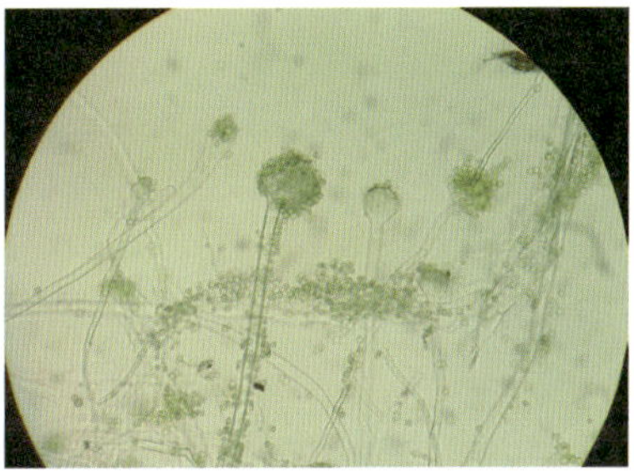

▲ 현미경으로 관찰한 누룩곰팡이

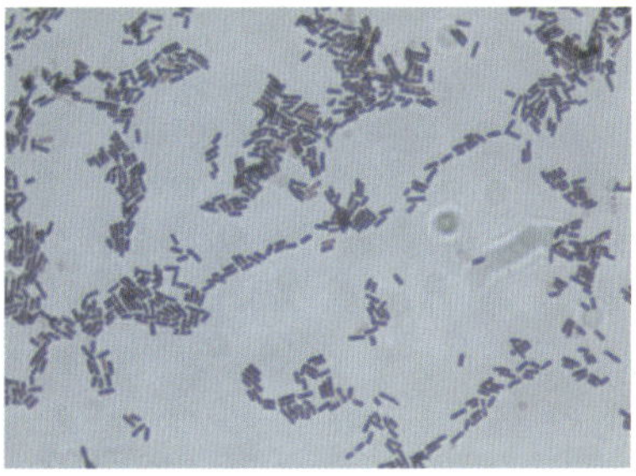

▲ 현미경으로 관찰한 고초균 짚 같은 마른 풀을 비롯해 자연에 흔히 살고 있어.

"장을 어떻게 만드는데요?"

"먼저 삶은 콩을 으깨고 네모나게 형태를 잡아 메주를 만들어. 그리고 메주를 짚으로 묶어 공중에 매달아 말려. 이 메주를 묶는 짚에 많은 미생물이 묻어 있어. 또 공기 중에 떠다니는 미생물도 바람에 날아와 묻지. 그래서 메주에 많은 미생물이 자라게 돼."

"효모, 누룩곰팡이, 고초균 같은 거요?"

▲ 발효 중인 메주

용선생의 과학 현미경

청국장은 메주를 쓰는 된장과 달리, 삶은 콩을 2~3일간 고초균으로 발효시켜 만들어.

"응. 메주에서는 주로 누룩곰팡이와 고초균이 발효를 일으켜. 그렇게 발효된 메주를 소금물에 담가 산소가 닿지 못하게 하면 효모와 그 밖의 여러 세균이 발효하지. 콩에 있는 양분이 오랜 시간 발효되어 다양한 성분의 물질로 바뀌면 맛 좋은 된장과 간장이 된단다."

"아하, 그렇군요. 이거 말고 다른 발효 식품도 있죠?"

"그럼. 청국장은 주로 고초균이 발효를 일으키고, 김치는 유산균이 발효를 일으켜서 만들어진단다."

용선생은 잠깐 물을 마시고 말을 이었다.

"그런데 말이야, 된장을 만드는 미생물들이 비료를 만들

▼ 장독 속 소금물에 잠겨 발효 중인 메주

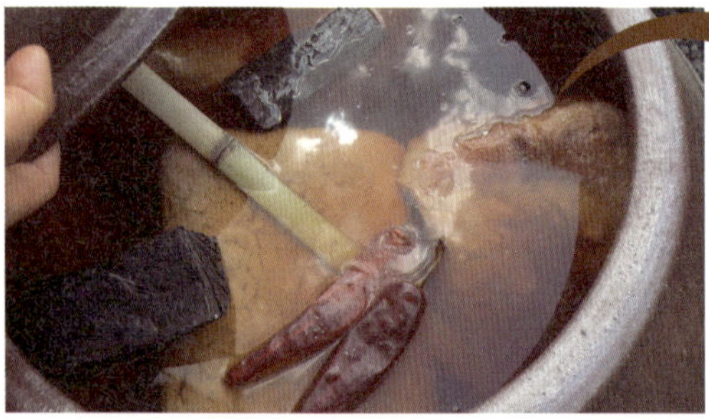

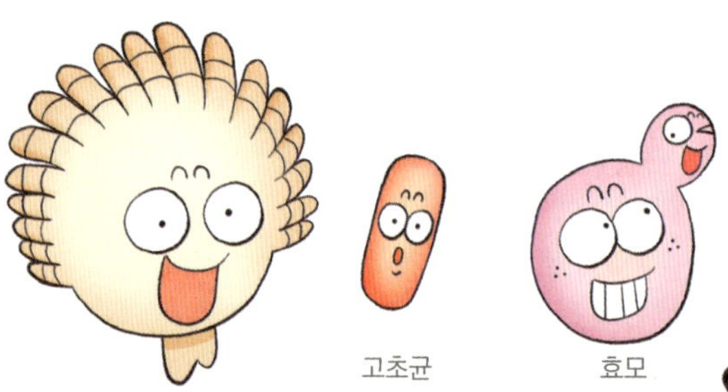

▲ 퇴비 더미

때에도 이용돼."

"식물에 잘 자라라고 주는 비료 말이에요?"

"그래. 미생물을 이용하여 만드는 비료를 '퇴비'라고 해. 풀이나 짚, 낙엽, 가축의 똥 등을 모은 퇴비 더미에서는 곰팡이, 효모, 세균 등 여러 미생물이 발효를 일으킨단다. 그래서 부패할 때 나는 고약한 냄새 대신 구수한 냄새가 나지."

"오, 퇴비 냄새 맡아 보고 싶다!"

"다양한 미생물들이 열심히 발효를 일으키면, 퇴비 더미 속에 있는 낙엽과 똥이 작게 분해되어 무기 양분이 돼. 지난 시간에 식물이 살아가려면 무기 양분이 필요하댔지?"

"네, 기억나요. 그래서 퇴비를 식물에 주는군요?"

▲ 퇴비 속 무기 양분은 식물의 뿌리로 흡수돼.

"응. 흙에 퇴비를 뿌려 주면, 식물은 퇴비 속에 있는 무기 양분을 뿌리로 흡수하지."

"와, 우리 조상님들은 미생물 박사였나 봐요."

핵심정리

된장과 간장을 만들 때에는 누룩곰팡이, 효모, 세균의 발효를 이용해. 이 미생물들은 퇴비를 발효시킬 때에도 이용돼.

미생물의 가지가지 쓰임새!

"그럼 최근 우리 주변에서는 미생물을 어떻게 이용하는지 알아볼까? 먼저 효모부터! 효모가 만든 알코올을 연료로 사용한다는 거 아니?"

"알코올을 연료로 쓴다고요? 어디에요?"

"알코올은 자동차 연료나 난방 연료로 쓰일 수 있어. 우선 공장에서 옥수수 같은 곡물이나 풀, 나무, 해초에 아주 많은 양의 효모를 넣어서 대규모로 발효시켜. 이렇게 만든 알코올을 '바이오에탄올'이라고 해. 사람들은 석유 대신 바이오에탄올을 쓸 방법을 찾고 있지."

나선애가 감탄하며 말했다.

"대단해요. 어떻게 효모가 만든 알코올을 연료로 쓸 생각을 했을까요?"

"아직 놀라긴 일러. 미생물이 만드는 독성 물질을 이용하기도 하는걸?"

"네? 독이 있는 걸 이용한다고요?"

"그래. 바로 '보툴리눔균'이라는 세균이야. 보툴리눔균은 흔한 세균이지만, 산소가 없는 상태에서는 강력한 독성 물질을 만들어 내. 이 물질을 보툴리눔 독소라고 부르지. 현재 지구에 있는 모든 물질 가운데 독성이 가장 강해서 아주 적은 양만으로도 사람이 죽을 수 있어."

"그렇게 위험한 걸 어디에 써요?"

"보툴리눔 독소를 묽게 만들어서 아주 조금만 사용하

▲ **보툴리눔균** 보툴리눔균이 만드는 보툴리눔 독소를 흔히 '보톡스'라고 불러. 사실 보톡스는 특정 상품의 이름이야.

나선애의 과학 사전

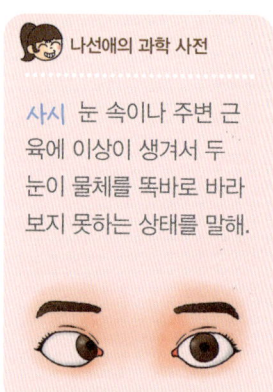

사시 눈 속이나 주변 근육에 이상이 생겨서 두 눈이 물체를 똑바로 바라보지 못하는 상태를 말해.

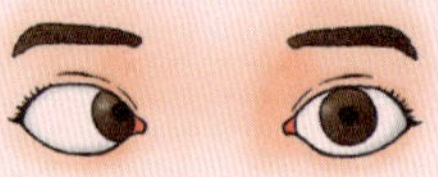

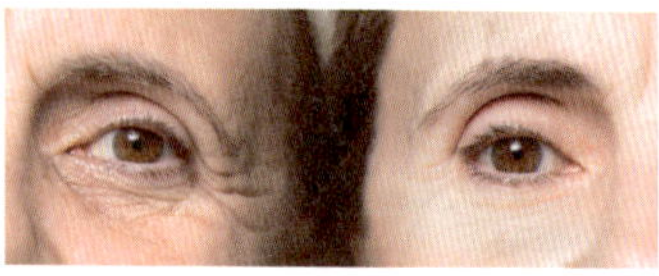

▲ 보툴리눔 독소를 눈 주변에 주사하기 전과 후

면, 생명에 지장을 주지 않으면서 일정한 기간 동안 근육 일부분을 마비시킬 수 있어. 눈꺼풀이 저절로 떨리는 환자나 사시 환자의 눈 주변 근육에 보툴리눔 독소를 주사했더니, 눈꺼풀 떨림이 멈추고 사시가 사라졌지."

"와, 대박! 독소로 환자를 치료하다니!"

"그런데 어떤 환자는 눈 주변에 있던 주름도 사라졌어. 표정을 지을 때 쓰는 얼굴 근육이 마비되면서 근육을 덮고 있는 피부가 펴진 거야. 그래서 최근에는 보툴리눔 독소를 질병 치료보다 주름을 없애는 미용 목적으로 더 많이 쓴단다."

"맙소사. 미생물 독소로 주름도 없애는군요."

"신기하지? 이제 일상생활에 꼭 필요하지만, 평소에 전혀 신경 쓰지 않는 곳에서 쓰이는 미생물을 알아볼까?"

"어떤 곳인데요?"

▼ 하수 처리장 미생물이 사는 조건에 맞춰서 수조를 나누고, 순서대로 물이 흐르게 하여 하수를 깨끗하게 만들어.

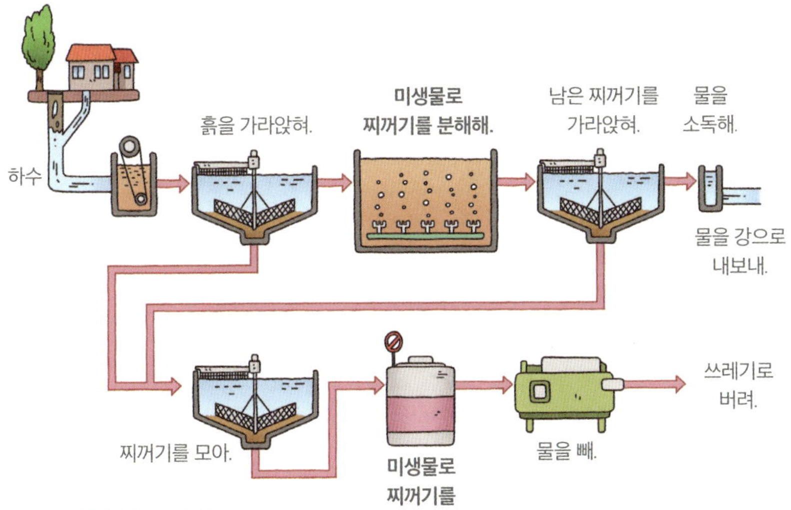

▲ 하수 처리 과정

“하수 처리장이란다. 사용하고 버린 물을 모으는 곳이지. 하수에는 음식물, 오물, 배설물 같은 찌꺼기가 섞여 있어. 미생물들이 하수에 들어 있는 찌꺼기를 분해하고 물을 깨끗하게 하지.”

“하수를 깨끗하게 하는 것도 미생물이었어요?”

“응. 하수 처리에 쓰이는 미생물은 대부분 세균이지만, 균류를 비롯해 거의 모든 종류의 미생물이 쓰이고 있단다.”

“미생물은 없는 곳이 없고, 온갖 곳에 다 쓰이네요.”

“하하, 그렇지? 그런 뜻에서 이제 미생물을 써서 만든 샌드위치나 나눠 먹을까?”

“헤헤! 간식 타임 좋아요!”

핵심정리

효모를 이용하여 생산한 바이오에탄올은 연료로 쓰여. 보툴리눔균의 독성 물질은 치료와 미용 목적으로 이용돼. 미생물은 하수 처리에도 쓰여.

나선애의 정리노트

1. 미생물을 이용하여 만드는 음식

① 치즈: ⓐ ______ 의 발효를 이용함.

② 빵: 효모의 발효를 이용함.

③ 알코올: 효모의 발효를 이용함.

2. 우리나라 전통적인 미생물 이용 방법

① 음식

- 된장과 간장: 효모, ⓑ ______ , 고초균의 발효를 이용함.
- 청국장: 고초균의 발효를 이용함.
- 김치: 유산균의 발효를 이용함.

② 퇴비: 효모, 곰팡이, 세균의 발효를 이용함.

3. 산업적인 미생물 이용 방법

① 바이오에탄올 : ⓒ ______ 의 대규모 발효를 이용하여 알코올을 생산함.

② ⓓ ______ 독소: 보툴리눔균의 독성 물질을 치료와 미용에 이용함.

③ 하수 처리장: 다양한 미생물을 이용하여 찌꺼기를 분해하여 물을 깨끗하게 만듦.

ⓐ 유산균 ⓑ 누룩곰팡이 ⓒ 효모 ⓓ 보툴리눔

과학퀴즈 달인을 찾아라!

●정답은 119쪽에

01

친구들이 이번 시간에 배운 내용에 대해 이야기하고 있어. 옳으면 O, 옳지 않으면 X를 표시해 줘.

① 치즈에 있는 구멍은 미생물이 만든 이산화 탄소 때문에 생겨. (　　)

② 효모가 발효를 일으켜 젖산을 만들어. (　　)

③ 된장을 만들 때에는 효모, 누룩곰팡이, 고초균이 발효를 일으켜. (　　)

02

친구들이 햄버거를 걸고 사다리 타기를 하고 있어. 힌트를 보고 올바른 미생물의 이름을 고르면 햄버거의 주인을 찾을 수 있대. 과연 누가 햄버거를 먹게 될지 맞혀 봐!

힌트

빵, 알코올, 된장을 만들 때 공통적으로 이용되는 미생물

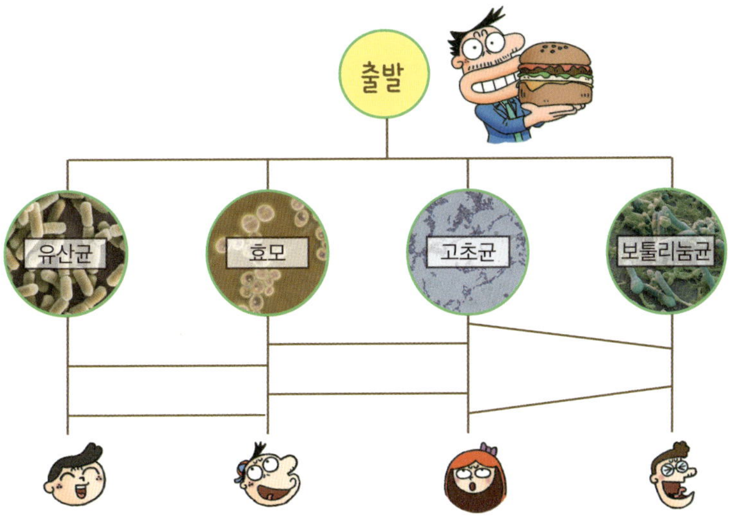

용선생의 과학 카페

과학계의 핵인싸,
용선생의 과학 카페에
오신 걸 환영합니다.

Log in

MENU

물리면 아프다
화학이 화하하
생물 오징어
지구는 둥글다

콘크리트를 스스로 고치는 미생물

사람들은 미생물을 연구해서 끊임없이 새로운 기술을 개발하고 있어. 어떤 기술이 있는지 궁금하지? 그중 하나를 소개할게.

너희들 콘크리트 아니? 콘크리트는 시멘트에 모래와 자갈, 물을 섞어 굳힌 걸 말해. 재료를 구하기가 쉽고, 일단 굳고 나면 매우 단단하다는 장점이 있어서 건물을 지을 때 주로 이용돼. 하지만 단점도 있어. 시간이 지나면 크고 작은 틈이 생기거든. 콘크리트로 지어진 건물을 안전하게 유지하려면 이 틈을 반드시 메워야 해.

▲ 콘크리트는 자갈, 모래, 시멘트에 물을 섞어서 만들어.

▲ 콘크리트 건물 벽에 생긴 틈을 메우고 있어.

눈에 보이는 곳에 생긴 틈은 비교적 쉽게 메울 수 있지만, 눈에 보이지 않는 곳에 생긴 틈은 찾기도 힘들고 메우기도 힘들지. 이런 콘크리트의 문제점을 해결하기 위해 사람들은 스스로 틈을 메워 고치는 콘크리트를 개발하고 있어. 바로 미생물을 이용해서 말이야!

어떤 미생물이냐고? '바실러스 파스테우리'라는 세균이야. 이 세균은 젖산 칼슘을 먹고 콘크리트 속 시멘트의 주성분인 탄산 칼슘을 만들어. 또 물과 산소가 없을 때에는 생명 활동을 멈춘 채 200년까지 버틸 수 있지.

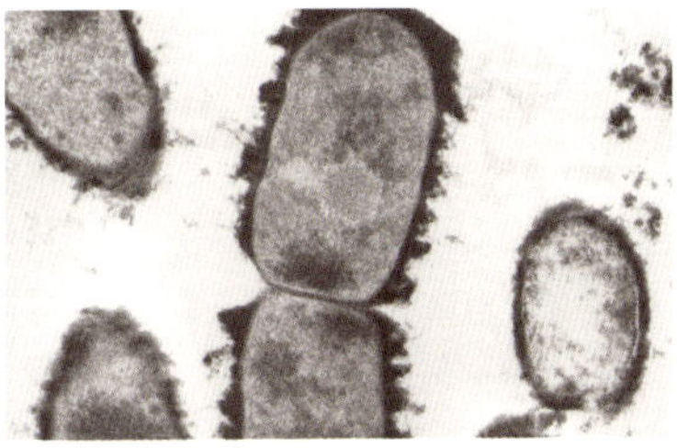

▲ 바실러스 파스테우리

콘크리트를 만들 때 이 세균을 먹이인 젖산 칼슘과 함께 넣어. 처음에는 콘크리트에 물과 산소가 들어올 틈이 없어서 세균이 생명 활동을 할 수 없어. 그러다 세월이 지나 콘크리트에 틈이 생기고 물과 산소가 들어가면, 세균이 생명 활동을 시작해서 탄산 칼슘을 만들지. 이렇게 만들어진 탄산 칼슘이 콘크리트의 틈을 메워. 사람이 고치지 않아도 갈라진 콘크리트를 세균이 스스로 고치는 거야!

어때, 미생물을 이용한 기술 발전이 정말 놀랍지 않니?

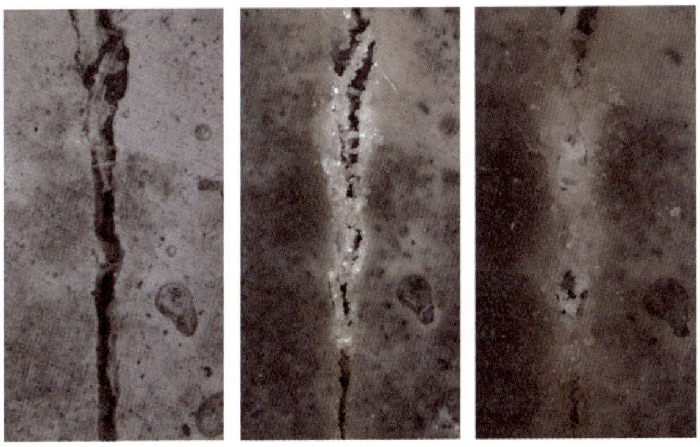

▲ 콘크리트 틈이 메워지는 과정 바실러스 파스테우리가 탄산 칼슘을 만들어 2개월 만에 틈이 메워지고 있어.

- 장하다의 오답을 피하는 방법
- 나선애의 야무진 실험실
- 왕수재의 아는 척 과학교실
- 허영심의 별 헤는 밤
- 곽두기의 빅뱅 따라잡기

COMMENTS

틈이 메워지면 물과 산소가 안 들어올 텐데요?

└ 그래서 틈이 다 메워지면 세균은 생명 활동을 멈춘단다.

└ 오호, 콘크리트를 살리고 다시 잠드는 놀라운 희생 정신!

가로세로 퀴즈

미생물에 관한 가로세로 퀴즈야. 빈칸을 채워 봐.
띄어쓰기는 무시해도 돼.

가로 열쇠	① 광합성을 하면서 지구 전체 산소의 절반 이상을 만들어 내는 세균 ② 혼자서 살아가지 못하고 다른 생물 몸 안에 들어가야만 살 수 있는 것으로, 감기나 독감을 일으키는 원인 ③ 버섯과 ○○○는 균류에 속함. ④ 세균이 번식하는 방법 ⑤ 요구르트에 들어 있고, 젖산을 만드는 세균 ⑥ 미생물이 산소 없이 에너지를 만드는 과정으로, 특히 사람에게 이로운 물질을 만드는 경우 ⑦ 창자에 사는 미생물을 통틀어 부르는 말 ⑧ 뿌리혹박테리아가 공기 중의 질소를 바꾸어 만드는 물질
세로 열쇠	❶ 균류의 몸은 실처럼 길게 자라는 ○○로 이루어져 있음. ❷ 공장에서 옥수수 등을 재료로 대규모로 발효시켜 만든 알코올 ❸ 수천 미터 깊은 바닷속 땅이 갈라져 뜨거운 물이 치솟는 구멍 ❹ 극단적인 환경에서 발견되었고, 세균과 비슷해 보이지만 다른 종류인 미생물 ❺ 발효를 일으켜 알코올을 만드는 미생물 ❻ 세균을 영어로 부르는 말 ❼ 큰창자에 살면서 섬유소를 분해하여 비타민 K를 만드는 세균

●정답은 119쪽에

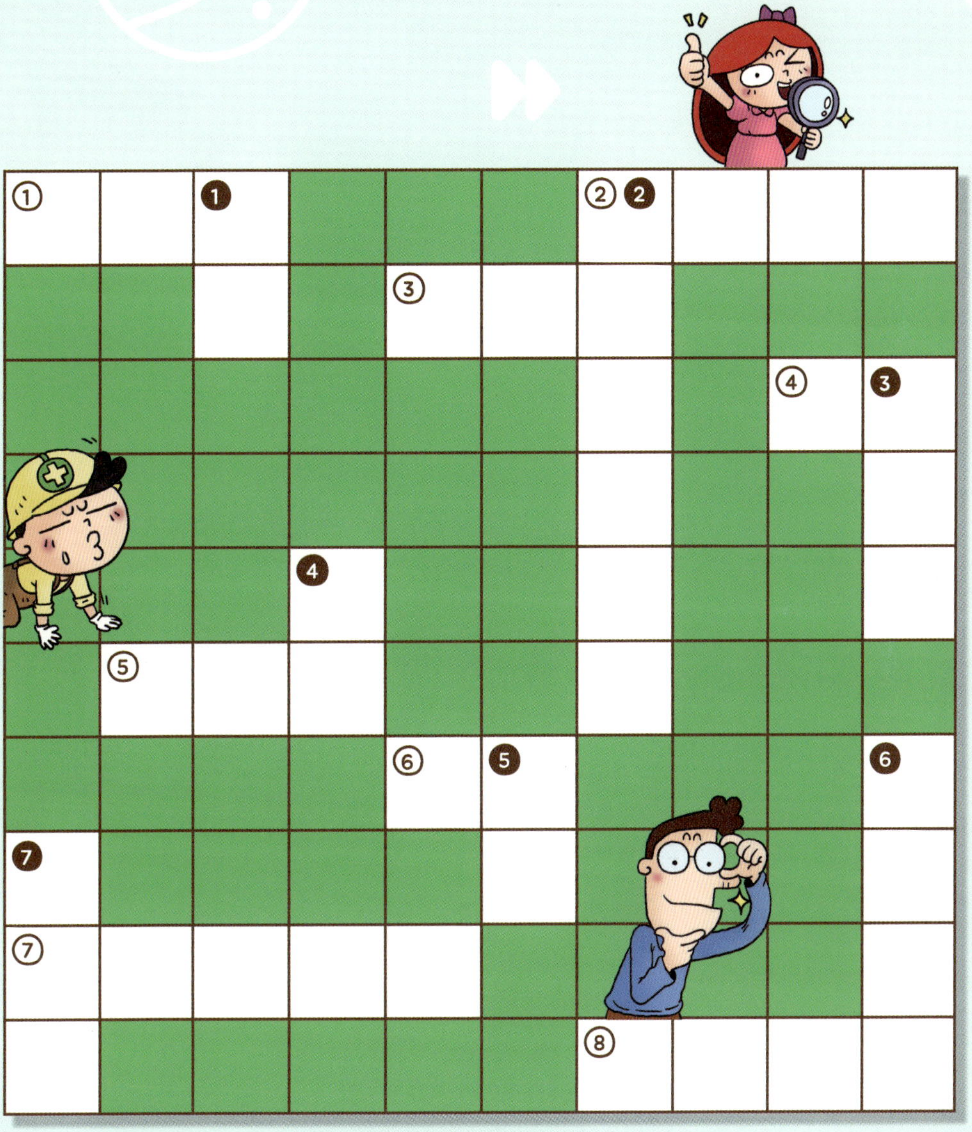

교과서 속으로

초등 5학년 1학기 과학 | 다양한 생물과 우리 생활

곰팡이와 버섯에는 어떤 특징이 있을까?

- **균류**
  - 곰팡이와 버섯 같은 생물을 말한다.
  - 보통 거미줄처럼 가늘고 긴 모양의 균사로 이루어져 있고 포자로 번식한다.
  - 따뜻하고 축축한 환경에서 잘 자라고 주로 여름철에 많이 볼 수 있다.
  - 주로 죽은 생물이나 다른 생물에서 양분을 얻는다.

효모도 균류에 속한다는 사실!

초등 5학년 1학기 과학 | 다양한 생물과 우리 생활

짚신벌레와 세균은 어떤 특징이 있을까?

- **원생생물**
  - 짚신벌레, 해캄, 아메바, 유글레나, 종벌레는 원생생물에 속한다.
  - 맨눈으로는 관찰하기 어렵고 현미경으로 볼 수 있다.
- **세균**
  - 균류나 원생생물보다 크기가 더 작고 생김새가 단순한 생물이다.
  - 우리 주변에 있는 땅이나 물, 다른 생물의 몸, 물건 등에 산다.
  - 살기에 알맞은 조건이 되면 짧은 시간 안에 많은 수로 늘어날 수 있다.

미생물은 종류도 다양하고, 모양도 다양하지!

초등 5학년 1학기 과학 | 다양한 생물과 우리 생활

다양한 생물은 우리 생활에 어떤 영향을 미칠까?

- **이로운 영향**
  - 균류와 세균: 된장, 치즈, 김치, 요구르트 등의 음식을 만드는 데 이용되고, 죽은 생물을 분해한다.
  - 원생생물: 주로 다른 생물의 먹이가 되고, 생물이 사는 데 필요한 산소를 만들기도 한다.
- **해로운 영향**
  - 미생물은 음식이나 주변의 물건을 상하게 한다.
  - 미생물은 공기, 물, 음식, 물건 등을 거쳐 다른 생물로 옮아가 질병을 일으키기도 한다.

질병을 치료할 때에도 미생물이 만든 물질을 이용해!

중 1학년 과학 | 생물의 다양성

생물의 분류

- **균계**
  - 핵이 있고 복잡한 구조의 세포로 몸이 이루어져 있다.
  - 대부분 몸이 균사로 이루어져 있고, 죽은 생물을 분해하여 양분을 흡수한다.
  - 대부분 균사 끝에 달린 포자로 번식한다.
- **원생생물계**
  - 핵이 있고 복잡한 구조의 세포로 몸이 이루어져 있다.
  - 이러한 세포로 이루어진 생물 중 식물계, 동물계, 균계에 속하지 않는 생물을 모아 놓은 무리이다.

균류를 균계라고도 불러!

찾아보기

퀴즈 정답

1교시

01 ① O ② O ③ X

02

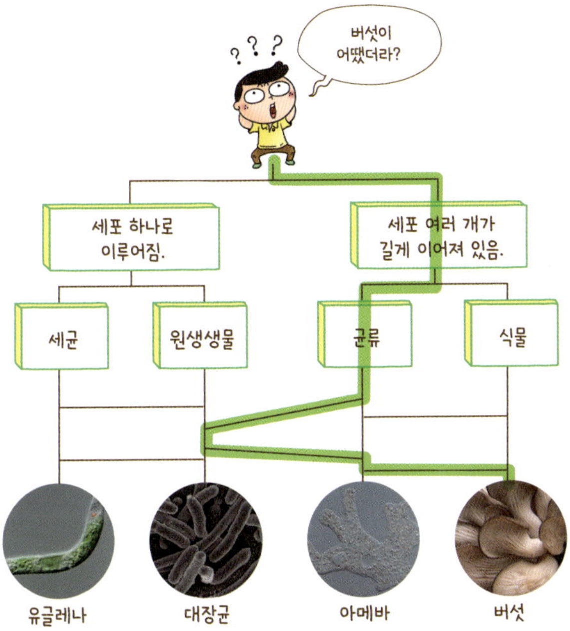

2교시

01 ① O ② X ③ O

02

보기

미생물은 (산소) 없이도 에너지를 만들 수 있어.
이때 남는 물질이 사람에게 이로우면 (발효),
해로우면 (부패)라고 불러.

산	소	나	무
지	금	라	한
발	전	부	대
효	도	상	패

3교시

01 ① O ② O ③ X

02

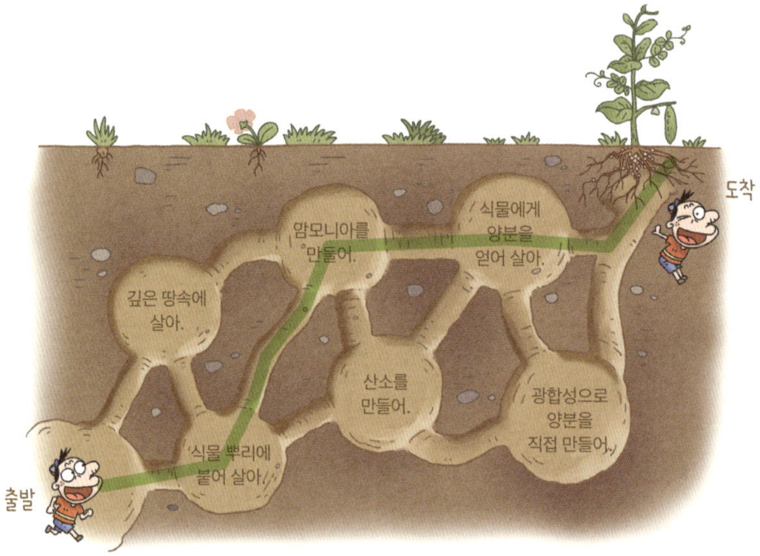

4교시

01 ① X ② O ③ O

02

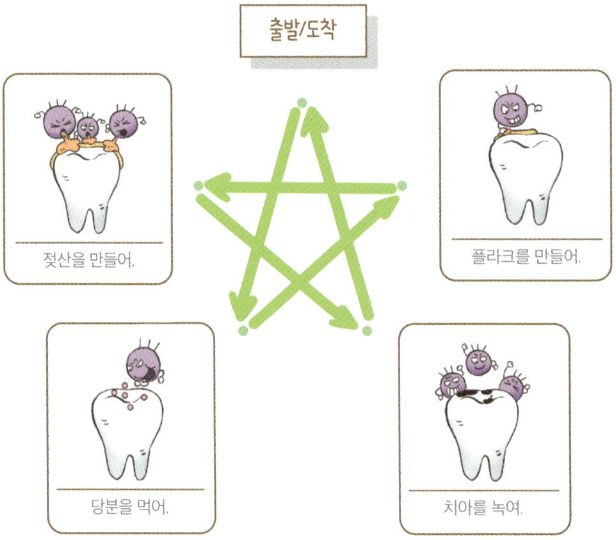

5교시

01 ① O ② X ③ X

02

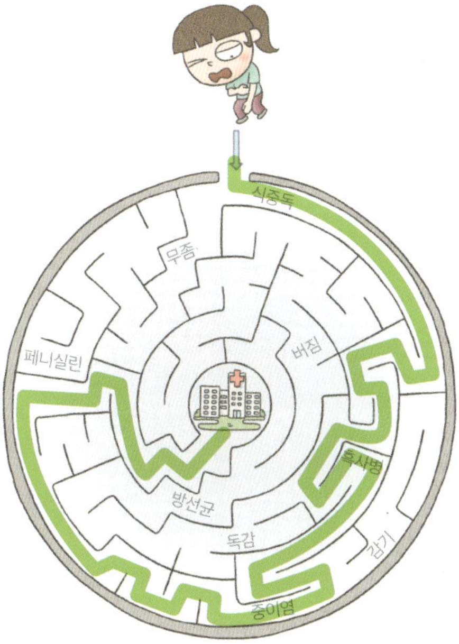

6교시

01 ① O ② X ③ O

02

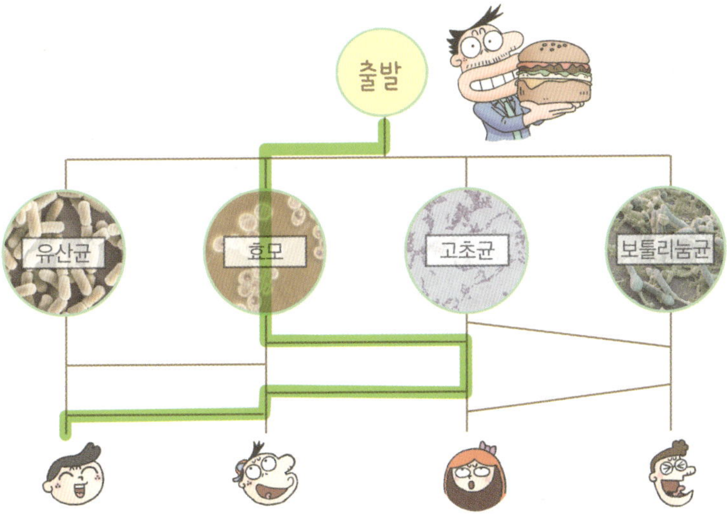

가로세로 퀴즈

①남	세	❶균				②❷바	이	러	스
		사		③곰	팡	이			
						오		④분	❸열
						에			수
			❹고			탄			구
	⑤유	산	균			올			
				⑥발	❺효				❻박
❼대					모				테
⑦장	내	미	생	물					리
균						⑧암	모	니	아

일러두기

· 맞춤법과 띄어쓰기는 국립국어원에서 펴낸《표준국어대사전》을 따랐습니다.

· 과학 용어 표기는《2015 개정 교육과정에 따른 교과용도서 개발을 위한 편수자료Ⅲ 기초과학, 정보 편》을 따랐습니다.

· 이 책에 실린 사진은 저작권자로부터 사용 허가를 받았습니다. 저작권자와 접촉하기 위해 최선을 다했으나 불가피한 사정으로 사용 허가를 받지 못한 일부 사진에 대해서는 저작권자와 연락이 닿는 대로 게재 허락을 받고 사용료를 지불하겠습니다.

· 이 책에 실린 그림의 저작권은 별도의 표기가 없는 한 사회평론에 있습니다.

사진 제공

13쪽: 퍼블릭도메인 | 14쪽: DR KARI LOUNATMAA(SCIENCE PHOTO LIBRARY) | 16쪽: NIAID(wikimedia commons_CC2.0), 퍼블릭도메인, BSIP SA(Alamy Stock Photo) | 19쪽: Microrao(wikimedia commons_CC4.0) | 31쪽: ALFRED PASIEKA(SCIENCE PHOTO LIBRARY) | 34쪽: BIOPHOTO ASSOCIATES(SCIENCE PHOTO LIBRARY) | 36쪽: CNRI(SCIENCE PHOTO LIBRARY) | 37쪽: SCIMAT(SCIENCE PHOTO LIBRARY) | 43쪽: Nigel Cattlin(Alamy Stock Photo) | 47쪽: 북앤포토 | 48쪽 : Mediscan(Alamy Stock Photo) | 50쪽 : 퍼블릭도메인 | 52쪽: 퍼블릭도메인, CSIRO(wikimedia commons_CC3.0) | 53쪽: Paul Harrison(wikimedia commons_CC3.0), Didier Descouens(wikimedia commons_CC4.0), 연합뉴스 | 55쪽: 퍼블릭도메인 | 56쪽 : 퍼블릭도메인, 퍼블릭도메인, 퍼블릭도메인 DR M.ROHDE, GBF(SCIENCE PHOTO LIBRARY) | 63쪽: 퍼블릭도메인 | 65쪽 : 퍼블릭도메인, 퍼블릭도메인 | 67쪽: 퍼블릭도메인 | 81쪽: 퍼블릭도메인, JUERGEN BERGER(SCIENCE PHOTO LIBRARY), 퍼블릭도메인, SCIENCE PHOTO LIBRARY | 82쪽: 퍼블릭도메인, 퍼블릭도메인 | 83쪽: 퍼블릭도메인 | 87쪽: 퍼블릭도메인 | 88쪽: Science History Images(Alamy Stock Photo) | 89쪽: GrahamColm(wikimedia commons_CC3.0) | 91쪽: Fortgens Photography(셔터스톡) | 103쪽: Yulianna.x(wikimedia commons_CC4.0), Riraq25(wikimedia commons_CC3.0) | 104쪽: Mar del este(wikimedia commons_CC4.0) | 107쪽: EYE OF SCIENCE(SCIENCE PHOTO LIBRARY) | 113쪽: DR.W.J.INGLEDEW(SCIENCE PHOTO LIBRARY), HENK JONKERS | 그 외: 셔터스톡

용선생의 시끌벅적 과학교실 | 미생물

1판 1쇄 발행 2021년 5월 24일
1판 5쇄 발행 2025년 1월 20일

글 설정민, 김형진, 이명화
그림 조현상(매드푸딩스튜디오), 김지희, 전성연
감수 박재근
캐릭터 이우일

어린이사업본부 이승필
책임편집 이건혁
편집 정세민, 이명화, 홍지예, 김미화, 최예리, 윤성진
마케팅 윤영채, 정하연, 안은지, 박찬수
경영지원본부 나연희, 주광근, 오민정, 정민희, 김수아, 김승현
아트디렉터 강찬규
디자인 디자인서가
사진 북앤포토

펴낸이 윤철호
펴낸곳 (주)사회평론
전화 02-326-1182
팩스 02-326-1626
주소 03993 서울시 마포구 월드컵북로6길 56 사평빌딩
출판등록 1993년 10월 6일 제 10-876호

ISBN 979-11-6273-165-9 73400

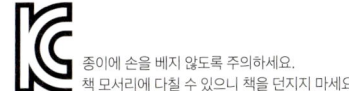